信访制度的理论探索及法治化路径研究

田文利　著

燕山大学出版社
·秦皇岛·

图书在版编目（CIP）数据

信访制度的理论探索及法制化路径研究 / 田文利著 .—秦皇岛：燕山大学出版社，2020.8（2026.1重印）

ISBN 978-7-5761-0009-9

Ⅰ. ①信… Ⅱ. ①田… Ⅲ. ①信访工作—法制—研究—中国 Ⅳ. ① D922.182.04

中国版本图书馆 CIP 数据核字（2020）第 087049 号

信访制度的理论探索及法制化路径研究

田文利　著

出 版 人：陈　玉
责任编辑：唐　雷
封面设计：吴　波
出版发行：燕山大学出版社 YANSHAN UNIVERSITY PRESS
地　　址：河北省秦皇岛市河北大街西段438号
邮政编码：066004
电　　话：0335-8387555
印　　刷：廊坊市印艺阁数字科技有限公司
经　　销：全国新华书店

开　　本：700mm×1000mm 1/16　　印　　张：12.75　　字　　数：230千字
版　　次：2020年8月第1版　　印　　次：2026年1月第2次印刷
书　　号：ISBN 978-7-5761-0009-9
定　　价：56.00元

信访寄语

——信访制度到了需要改革的地步，而且需要全面改革，否则会影响我国整个法律制度体系的正常运行，因为庞大的信访案件总量会动摇人们对法律制度的信心。

——信访制度只能完善和加强，不能削弱或终结，更不能取消，因为一取消信访，暗藏在信访中的矛盾迟早会在一个不确定的时间像洪水一样暴发出来。

——改革需要的不单单是决心，而且还需要信心，对人民的信心，对中国共产党的信心，对制度的信心以及对未来的信心。

——为中国的信访制度建构未来蓝图，需要智慧，使信访制度能够与我国的政治、法律、经济、文化都协调起来。

——要建立一个崭新的机构去承担所有的信访案件，亦需要很大的勇气，尽管会有难处，但为了人民能够享有一个有效的信访制度，为了国家有一个健康的法治体系，这样的努力是值得的。

——信访案件犹如各式各样的病毒一样存在于我们的法治体系之中，显而易见的是，我们需要锻造一支特殊的队伍，用专业的眼光、智慧的方法去应对问题，解决矛盾。

——制度创新产生的能量是难以估量的，因为它影响人们的生产和生活方式。信访制度的创新尤其如此，因为信访制度在一定程度上影响了公民与国家之间的关系。

目　录

第1编：历史与现实研究

第2编：原理与理论研究

第3编：制度设计研究

第4编：制度规范研究

第 1 编：历史与现实研究

任何一个国家的制度设计者都要面对这样的问题：政党出现问题怎么办？人大立出错法怎么办？政府执错法怎么办？司法判错案怎么办？可见，在制度设计时必须有一种预留的纠正错误机制。而信访就是上述所有问题的答案。

信访制度虽然是中国法治生活的重要组成部分，但却是有着鲜明本土特色，与现代立法、执法和司法等从西方引进、借鉴的制度相比，信访制度有着典型的民族风格。可以说，信访既是从中华民族历史深处走来的制度形式，也是自新中国成立以来所精心打造的制度形式。借着这种制度形式，吸纳了我国历次因重大社会制度调整所排出的“负能量”，把人民群众提出的意见、建议、控告、诉求甚至是抗争，经过信访部门的柔化处理之后转变为“正能量”，保持了国家整体制度体系的正常运转。

1.1 信访的渊源研究

一般来讲，对一个制度的渊源进行分析，往往从历史现象、理论基础和外在表现形式几个不同的角度进行全方位的切入。对信访制度而言，我们也采取这种由远及近、由内到外的研究顺序。我们认为，信访制度的渊源包含三个层面的含义：信访第一个层面的含义指的是信访制度的历史来源和制度渊源。其中研究信访历史渊源的目的在于找出信访制度之所以产生的经济、社会和政治、文化背景，而制度渊源研究则重在探究制度的不同主体角色因何要设立这个制度，他们所要设立的这个制度能够解决何种问题。信访第二个层面的含义指的是信访的理论渊源和属性渊源。信访的理论渊源的研究目的在于揭示立法者靠着什么样的规律和原则设计信访制度，而信访的属性渊源则探索信访到底应当是一种什么样的制度。信访第三个层面的含义指的是信访的形式渊源和法律制度渊源。形式渊源指的是信访制度的外在表现形式，也就是信访机关、信访人员、信访人员构成及其状况。信访的法律制度渊源指的是信访的法律制度在既定的历史背景下如何一步步的形成，是一个纵向的、过程性的制度形成过程。这三个层次六个方面的渊源是互相印证、互相依赖的辩证关系。

1.1.1 信访制度的历史渊源

（一）中国古代传统信访的背景渊源

1. 信访的经济背景

传统中国国内生产总值即 GDP 与西方国家比较是多是少颇有争议，但是传统中国人均 GDP 较少则是不争的事实，“从 1600—1840 年，中国实际 GDP 仅增长了 55%，年均增长率为 0.18%，而人均实际 GDP 则下降了 25%”[①]。加之，传统中国是个特权等级国家，过多的资源聚集在上层，基层民众的生活水平之低可想而知。《儒林外史》描写范进出榜的情况时写道：“到了出榜那日，家里没有早饭米，母亲吩咐范进道：‘我有一只生蛋的母鸡，你快拿集上去卖了，买几升米来煮餐粥吃，我已是饿得两眼都看不见了’。”[②]从有关章节的叙述来看，范进家庭是个正常而普通的家庭，由此可见，在那个时代很多人挣扎在温饱线上，一旦有些闪失就会陷入食不果腹的境地，诉讼就更不必说了。“实际上，进入何种规则体系的决定因素，正是对不同规则背后的利害得失的计算。计算并比较不同规则体系带来的成本风险和收益，便是过招的实质。”[③]“你以为我是一架机器？一架没有感情的机器？能够容忍别人把一口面包从我嘴里抢走，把一滴生命之水从我杯子里泼掉？”[④]这句话虽出自英国作家之口，且与信访无任何关系，但是用来描述传统中国民众信访的经济因素还是恰当的。“尽管社会经济在整体上不断繁荣，但小民百姓的物质生活反而日趋匮乏，一旦自己的利益受到他人侵害，便奋起抗争。所以，在看似远离帝国衙门的静谧祥和的乡土社会里，矛盾和冲突也是无法回避的现实。”[⑤]由此可见，经济困难是信访民众增加的重要原因。

2. 信访的社会背景

传统中国社会主体是一种稳定的乡土社会，实行的是一种自给自足的自然经济。在这种经济形式下，每个村庄基本上是一个封闭的环境，很多人的人际交往终其一生往往局限于自己所生活的村子，与附近的村子来往都很少。即使离开乡村，也会把乡村的秩序延展，人与人的交往还是建立在同族、同乡、同学等熟人关系上，甚至科举中的同年、同榜、同门都成为相互约束连带的纽带。社会学家发现，儒家社会理论没有为个体提供一种普遍主义取向的伦理，根据这种理论，人乃“关系的存在”，陌生人作为一个角色范畴很难被置于儒家伦理的任何一“伦”中，结果是，中国人通过建构关系来实现其社会交往，作为一种文化机制的引介方法则得到普遍而有效的运用。[⑥]在这样有很强的封闭性、

①刘逖：《1600—1840年中国国内生产总值的估算》，《经济研究》2009年第10期，第144～155页。

②吴敬梓：《儒林外史》，山东文艺出版社1998年版，第25页。

③吴思：《血酬定律》，中国工人出版社2003年版，第57页。

④[英]夏洛蒂·勃朗特著、宋兆霖译：《简·爱》，上海文艺出版社2007年版，第27页。

⑤春杨：《晚清乡土社会民事纠纷调解制度研究》，北京大学出版社2009年版，第39页。

⑥梁治平：《清代习惯法：社会与国家》，中国政法大学出版社1996年版，第125页。

等级性、血缘性、关系性的熟人生活环境里，纠纷的解决主要靠调解。也就是说，环境控制着纠纷的发生和力度，但是，一旦遇到环境不能解决的纠纷，环境反过来就成了信访的动力。如果和陌生人发生纠纷而输了官司，可以下次回避再接触，如果和封闭关系中的熟人发生纠纷，输了官司就不只是输了官司本身，而是从此在社区就有了贱民之感，在以后的生活中抬不起头来，不仅是对纠纷的对方，还包括在全社区形成个人的“破窗效应”。信访即使不能解决问题，也会塑造一个不屈服的个人形象。可以作为佐证的是中国人国民性问题，近代以来对中国国民性以劣根性为由进行批判已形成风尚，其实细细分析起来，中国不少国民性格与生活环境相关，如果还是一样的生活环境，“我只能是阿 Q、祥林嫂的儿子”[①]。譬如：中国人的面子问题。“‘面子’的意义，不可翻译，亦无从予以定义。它好像是荣誉而不是荣誉，它不能用金钱购买却给予男男女女一种实质的光辉。”[②]“根据中国式的政治哲学，政府统治之最优良者，应最少发挥统治作用，最少管闲事，即垂拱而天下治。”[③]在这种情况下，社会控制乃是乡村事务，其主要手段是公众舆论，非议是强有力的制约。一个受到大多数村民赞许的人处处获得荣誉与尊重，而一个不受尊重的人则会受到放逐和孤立，在小范围内社会孤立是一种可怕的惩罚。

3. 信访的政治背景

无论中国还是西方国家，对冤屈的申诉只要有机会都会有人指向最高级，即便是美国这样被认为现今“法治国家的范本”，也会有类似《陪审团睡着了》[④]的指斥，可以想见，如果在陪审团之上还有更大的权力机构，美国也会有专门的信访机关。儒家确立了从家到国的等级制度，最高一级当然就是皇权，中国古代最高的审判裁决权掌握在君主手里，所有司法机构都不过是皇帝最终判决的咨询机构而已，甚至有“君主的意志就是法律”这种极端人治化的倾向。“三尺安出哉？前主所是著为律，後主所是疏为令，当时为是，何古之法乎！”（《史记·酷吏列传》）。因此，一向以皇权为代表的上级机构信访也就是应有之义了。民众对人治的迷恋从个例上看未必正确，但从整体上看，应当是无数次权力一言九鼎

①摩罗：《中国的疼痛——国民性批判与文化政治学困境》，复旦大学出版社2011年版，后序。

②林语堂：《吾国与吾民》，群言出版社2010年版，第178页。

③林语堂：《吾国与吾民》，群言出版社2010年版，第182页。

④多米尼克·邓恩著、吴文忠译：《陪审团睡了：美国当代名案审判纪实》，中信出版社2003年版。

的事例给予的直接经验或间接经验。在熟人社会的关系网中，司法问题很难仅仅作为单纯的司法问题，由于人和人之间的牵连性，总是容易被放大为政治问题。也许直达天听也困于政治上的牵连，但只有通过信访直达天听，才有可能扭转局势。如清朝发生的四大奇案：科场案反映了利益集团背后的党争，甘肃冒赈案反映的是甘肃全省境内官场集体贪污弊案，两江总督马新贻遇刺案则关系着中央集权与地方军事集团的复杂争斗，杨乃武与小白菜杀人案也因为机缘巧合卷入了朝廷内部的党派之争，更由于皇权打压湘军的复杂背景，沉冤得以昭雪。①

4. 信访的文化背景

在儒家文化背景下，信访有深厚的人治与礼教色彩，鲜明地体现了中国传统文化的价值取向。总体来看，信访中既有法治文化色彩，也有儒家礼教文化色彩，是介于法治与德治之间的综合性、折中性的制度模式。由于经济、政治和社会的特点，中国形成了一个家国同构的社会。在处理家族、国家问题时，人们习惯上以道德或伦理作为第一选择。只有在道德教化不足以解决矛盾时，才“出礼入刑”，诉诸法律。在中国传统社会，儒家的道德、法律观念始终占据主导地位，是主流意识形态的重要组成部分。这种思想传统使进京告状具有了一种向国家的最高层诉说冤屈的味道，因为皇帝一向是以作君、作亲与作师为标榜的，而百姓也被称为子民，各级官员也是这些子民的父母官。百姓有的冤屈便向父母官诉说曲直，而一旦得不到他们所期待的正义和安慰，则越过地方官员直接向皇帝直诉。

与儒家针锋相对的法家则主张，在“争于气力”的时代，应“以法为本”“万事皆决于法”，强调法律“兴功惧暴”“定分止争”的调整功能，要求在治国策略上“以吏为师”“以法为教”。法家的思想在秦朝统一前后盛极一时，然而，随着秦朝的灭亡，法律的威严一落千丈，法家及其学说也从“显学”走向“隐学”，以“低调”的姿态与道德达成表面的妥协和实质的融合，形式上的“宽省简约”和内容上的“引礼入法”使道德与法律相互融合。特别是汉代以后的“春秋决狱”及“五恶十赦”等制度的设立，使伦理之治与法治结合得浑然一体。在法家文化的影响下，信访也具有了法治的色彩。信访制度的设计、运行机制及办事程序，无一不体现出信访制度当中的法治渊源。

①吴蔚：《案藏杀机——清朝四大奇案卷宗》，陕西人民出版社2009年版，序。

（二）信访制度的历史脉络与总体印象

1. 信访的历史发展脉络

我国信访活动始自原始社会末期。据《史记·孝文帝本纪》记载："古之治天下，朝有进善之旌、诽谤之木"。"进善之旌"是尧在位时于朝廷前设置的一面旗帜，其作用就是让老百姓站在这面旗帜下直接提出对政事的意见、批评和建议。进善之旌还有赦免的功能，站在这面旗帜下发表意见，无论正确与否一律不追究责任。另据《大戴礼记·保傅》记载，尧舜执政时期曾设"诽谤之木""敢谏之鼓"，以听取社会成员对时政的意见和建议。可以说"进善之旌""诽谤之木"和"敢谏之鼓"是我国古代信访制度的萌芽。

西周时我国有"肺石之制"，据《周礼·秋官·大司寇》记载："以肺石达于穷民，凡远近独老幼之欲有复于上而其长弗达者，立于肺石三日，士听其辞以告于上而罪其长。"便是说设置红色的石头（肺石）来使无法诉冤的人得以申诉，不论地方远近，凡没有兄弟、子孙及老幼者，欲向天子和六卿申冤，而地方长官不上报的，可以在肺石上站三天，然后由管理肺石的官员"士"听取理由，并将情况上报六卿或天子，调查核实后予以处理，并要处罚冤情不报的地方官。"肺石"制度是西周法律中有关信访的明确规定，体现了当时中央政府对各级地方官员的监督。

汉代继承了西周击鼓鸣冤制度，实行"周鼓上言变事"制度，要求地方官员及时将民众击鼓鸣冤之事向上报告，否则将追究责任。后又有了"诣阙上书"，即百姓或下级官吏若蒙冤受狱，可越级上书申冤，是一种典型的越级信访行为。"诣阙上书"制度的确立，在纠正地方官吏办案不公、缓和社会矛盾等方面产生了积极的影响。

唐代是我国古代信访制度相对完备的朝代。确立了"邀车驾""挝登闻鼓""立肺石""投匦""上表"等制度，并由相应官署或官员受理臣民的申冤上访。其中投匦制度是武则天称帝之后，为广开言路而创立，朝廷设置"匦"函，以接受四方上访之密信。"匦"是一种铜铸的大匣子，最初设青、丹、白、黑四个不同颜色的"匦"，受理不同上访投书，后合成一匦，但仍有四个投书口。匦由专职官员管理，以确保言路畅通，下情上达，称为"知匦使"和"理匦使"。投匦制度开辟了一条最高统治者了解下情的渠道，在我国信访发展史上具有十分重要的意义。

到了宋代，信访又有了新的发展，中央政府设立了独立的信访机构——鼓院和检院。《宋史·职官志一》记载两院皆隶属于谏院："登闻检院，隶谏议大夫。

登闻鼓院，隶司谏、正言。”宋代的登闻鼓机构继承了唐代登闻鼓和匦使院两种制度，机构设置和运行机制却更加完善。宋代登闻鼓机构接受民间举告、请愿、自荐、议论军国大事等进状，成为民间社会与中央政府沟通的重要途径。

明代主要有两个机构受理信访（称为直诉），即通政使司和登闻鼓院（厅）。其职责范围之一便是负责受理四方陈情、建言、申诉冤屈或检举不法行为的上书。直接向皇帝“叩阍”，就是现代俗称的“告御状”，包括“赴宫门”诉冤和“迎车驾”申诉两种形式。明代开始，对于直诉的受理范围和程序等进行了规范，如规定田土、户婚等细事不许越级信访。

到了清代，中国传统的信访制度发展到了巅峰，也逐渐走向了衰落。这个时期的信访，包括击登闻鼓、上书皇帝等，被统称为“京控”，即有冤抑的人进京到都察院、通政司或步军统领衙门申诉。

总体而言，我国古代一直就有信访的历史传统，从原始社会末期一直到近现代，信访制度与当时的政治、经济、文化及社会条件一一对应，这些不同的社会背景是信访的“源”，而信访则是这些社会现象所产生出来的“流”。

2. 历史源流中信访总体印象

从历史的角度看信访，信访真是中国古代社会一道刺眼的“风景”，以致让研究历史和制度的学者眼目躲避不开。因为，信访里面的问题往往是一个朝代最难消融的问题，处理不好，或者伤及统治者的信誉，或者侵夺被统治者的性命；而如果处理得当，一方面可以成为君王将相名垂青史的台阶，同时，它也会成为基层的百姓申冤纳义的有效途径。可见，信访制度可以作为一个朝代兴盛与衰败的鲜明而敏感的信号。

信访也是古代社会的一个隐性的、灵活的、宽泛的制度“平台”。信访制度往往不是统治者设立的显性制度，也不是常设的起着稳定作用的制度，因为不论是组织还是人员，常常沉寂于正式制度之中。从信访的多种多样的名称来看，它只是偶尔露一下“峥嵘”的局部性制度。信访之所以是个“平台”，在于这个“平台”专门为疑难问题而设置，民间举告、请愿、献策、议论军国大事，大事小情、桩桩件件都可以铺陈在这个“平台”之上。

信访也是一条最为广泛的社会关系“纽带”。信访既与最高统治者直接相连，也与最卑微的被统治者直接相连，同时这个纽带上还系挂着当朝的各级官员，他们升迁、革职等沉浮变化常常与这个纽带相连。可见，信访既关乎于统治者的长治久安，更关乎于被统治者的身家性命，同时也是各级官员宦海沉浮的转折点。

1.1.2 信访制度的制度渊源

中国古代的最高统治者皇帝通常采用传统的间接式的治理办法，即通过治理官吏而治理百姓的政治治术。这里就有三个相关的实体层次，一是皇帝，二是官吏阶层，三是平民百姓。显而易见的是，皇帝是制度的核心，一方面通过官吏而达到统治人民的目的，官吏是他必须凭借的一套组织人马。但对于这些作为统治工具之用的官员来说，皇帝也需要一种制度对官吏进行掌控，从而形成对官吏的一种制约，通常运用的方式就是监察和信访。监察是官吏制度中的显性制度，而信访则是一种隐性的制度。前者是自上而下的模式，而后者是自下而上的。这一上一下就形成了皇帝手中两个动态的控制机制。

（一）皇帝的至高权威是信访的基础与保障

通过直诉案件暴露出司法官吏故意出入人罪的情况，并且给予严厉的处罚，这显然有利于督促各级司法官吏严格执法。直诉制度不仅给一些无辜者开了一条申冤之道，而且也在一定程度上使原判官在滥施淫威时不得不有所顾忌。明世宗嘉靖五年（1526 年），针对“近来中外问刑官往往任意偏听，不审查事情，或拘私受嘱，不畏法度，颠倒是非，致令衔冤负屈之人辄入禁中申诉，至有自绕死者，若所诉得实，原问官从重究治。”[①] 从这道上谕可以看出，封建统治者往往把申冤者的多寡作为判断各级司法官吏执法好坏的重要依据。

1. 皇帝是信访制度的设立者

中国历代一些比较清醒的封建统治者都认识到，下情能否上达是关系到国家治乱的一个重要因素。《管子·明法》曾提出这样的论断：“下情求补上通谓之塞，下情上而道止谓之侵。”封建统治者建立各种直诉制度，一个重要的出发点便是通达幽滞，使下情能够及时上闻，防止因百姓冤抑无处申诉而导致人怨鼎沸，激化阶级矛盾。

明代丘浚在考释《周礼》记载的“路鼓”时说，路鼓之设使“闾阎之幽悉达于殿陛之上，氓庶之贱咸通乎冕旒之前，民无穷而不达，士无怨而不伸，此和气所以畅达，而天地以之而交，治道以之而泰也软！”在考察“肺石”时又说：“肺者，气之府而外达乎皮毛，悍独老幼天地之穷无告者，其微弱也，狱国之皮毛焉。心之气靡不通之也，不通则疾病生焉，故用之达穷民，其有取于是乎。”[②] 丘浚

①《大明会典》卷一七八《伸冤》。

②邱浚：《大学衍义补·伸冤抑之情》。

的论述虽然不一定准确，但却清楚地反映了封建统治者对直诉制度的认识。《宋史·刑法志》记载，宋太宗因常常“亲录京城系囚，遂至日旰”，有近臣好心劝阻，太宗却回答道：“或云有司细故，帝王不得亲决，联意则异乎是！若以尊极自居，则下情不能上达矣。”《明史·刑法志》又载，明宣宗时，有一值守登闻鼓的给事中林富奏言：“重囚二十七人，以奸盗当决，击鼓诉冤，烦渎不可宥。”宣宗怒斥之：“登闻鼓之设，正以达下情，何谓烦恼？自后凡击鼓诉冤，阻遏者罪。”

2. 皇帝是信访制度的终结者

汉文帝时，齐国的太仓令淳于意因罪处刑，汉文帝下令将其押送长安。其小女堤萦便随父至长安，上书皇帝，愿做官裨，以赎父刑罪，感动了汉文帝，并借此进行了古代法律史上一次著名的刑罚改革。[①]

大力十四年（779 年）六月，唐代宗李豫诏曰：“天下冤滞，州府不为理，听诣三司使，以中丞、舍人、给事中各一人，日于朝堂受词。推决尚未尽者，听挝登闻鼓。”于是，击登闻鼓的人很多。武则天于垂拱元年（685 年）颁下制书：“朝堂所置登闻鼓及肺石，不须防守，有挝鼓立石者，令御史受状以闻。”[②]武则天下令撤去防守，意在减少上访人的恐惧心理，目的是“言天下利害，务收人心”。[③]御史负责“受状以闻”。唐代宗曾经尝试改革登闻鼓管理制度。

中国的皇帝，是一个王朝的最高统治者，中国古代信访制度的最高裁判者是皇帝，那么将案子递到京城去就是顺理成章的事情。“无论何种情形，京控人的目的是一样的，即争取皇帝本人对本案的关注。既然皇帝似乎有仁慈之心，倾向于接受京控，这种希望就不完全是遥不可及的。既然皇帝不仅真心想要通过京控遏制非正义行为，而且借助京控作为获得有关帝国状况的基本信息的源泉，他必须依赖他所获得的东西……正像皇帝开启或关闭其他沟通渠道一样，他控制着京控的范围和流动。”[④]

3. 皇帝是信访制度的受益者

皇帝江山的稳定性取决于两个方面，一是社会是否稳定，二是官员是否忠诚，而这两个方面都有赖于信访制度的实现。在中国古代，类似于信访的申诉制度有

①班固：《汉书·刑法志》，上海古籍出版社2003年版。

②司马光：《资治通鉴·唐纪》卷203，中华书局1956年版。

③欧阳修：《新唐书》本纪第四《则天皇后》，中华书局1975年版。

④[美]欧中坦：《千方百计上京城：清朝的京控》《美国学者论中国法律传统》，中国政法大学出版社1994年版，第473页。

两个重要作用：一是维护社会稳定，延续皇权统治。封建时期的君主们为维护其统治，在政治、经济、文化等方面都构造了严密的专制体系，以加强对民众的控制。但封建王朝的君主也认识到，要想从根本上维护其统治，人民才是关键，君主必须“应天顺人”，注重通过多种途径来了解民心起伏，以便采取积极措施保证和维护政治稳定、社会安宁和吏治廉明。而古代的信访申诉制度是中央了解社会、获取民间信息的重要途径之一，借助这一制度，使得下情得以上达。通过解决纠纷、化解冤情，在制度上由高级别的官吏或者皇帝亲自处理并使冤案得到解决的公示效应，也坚定了百姓“告御状”的心理，由此，也促进了信访在各朝各代的发展。通过审理这类案件，也使高层统治者了解百姓疾苦，吏治腐败，对于改善统治、维护社会稳定起到了重要的作用。二是监督官员，减少冤假错案。中国人传统的实体正义取向需要必要的程序加以实现，而古代信访制度的存在，给有冤情的人提供了冤案平反的合法途径。国家通过信访制度，一方面为民众提供获得公正的希望，客观上也起到了监督地方官员遵守法纪的作用。我们今天研究历史，并不是要回到历史中去，而是以史为镜，为今人创新提供营养和动力。研究古代信访制度能使今人就传统法律文化对当今的影响作出准确的判断，并能在当前形势下作出有效应对。

（二）官吏制度是信访制度的诱因

官吏制度是中国古代专制王朝沿袭下来的统治制度，透过这种“铁打的衙门流水的官”，实现了皇帝大一统的最终目的。从统治者的角度来看，皇帝最喜欢的是那些公正廉明、忠于职守的官员，因为只有这些官员才能替皇帝守住江山。相反，对那些贪官污吏则需要加以小心地甄别与防范。虽然历朝历代都有官员监察制度，但这种制度却常常因为官官相护而失去功能。因而，当满朝文武结党营私、串通一气的时候，皇帝就特别需要找到一个信息来源打破缺口，质以言之，没有告奸者他就不能掌握情况，他的统治就不能长久。因此，设计出一种让清官和贪官都显露出来，最后让清官留下，让贪官出局的制度是最契合皇帝的心意了。

1.“清官情结”的信访制度的正面取向

清官，即清廉自律、秉公执法的官员。在中国传统社会中，他们一直是受到人们高度尊崇的特殊官僚群体。人们呼唤清官，赞美清官，将社会治平和百姓乐业的希望毫无保留地寄托在明君以及隶属于他们的清官身上，对清官的期盼已经构成中国政治文化的重要组成部分。“清官”是我国从古至今的百姓情结，人们对清官寄予了太多的期望和梦想。不徇私情秉公办案的包公——“包青天”就是一个典型，体现了人们对于清官政治的一种渴求。当人们遇到冤屈的时候，首先想到的就是找清官诉苦，希望清官能够为自己作主。这种思维习惯和行为模式沿袭至今，就构成了所谓的清官情结。

2. 通过信访实现对贪官的制约

“清官情结”的产生是与古代的司法状况分不开的。百姓盼望清官，这本身就表明了在中国古代政治领域里，赃官墨吏充塞，吏治腐败，政治黑暗，贪赃枉法是其最为显著的表现形式。清官的对立面就是贪官，而一部中国古代政治制度史，“实乃一部贪污史”。可见，对比是非常强烈的。在中国古代社会里，清官之少，犹如凤毛麟角。百姓大众对于清官的祈求也就只能是一种无谓的心理幻想，一种无谓的心理补偿。从中国古代的司法实际看，非常清楚的是，冤假错案比比皆是，尤其是对于百姓来说，在司法过程中得到公正地对待者，恐怕更是寥寥无几。一个政治制度的深层的结构性事实是，古代政治国家与社会组织的严密整合，民众政治力量极度薄弱，百姓处于孤立无援的境地，他们是无法切实保障个人权利或权益的。在此情景之下，他们的唯一希望就是盼望有朝一日能有一位体恤民情和为民作主的清官出现，希望清官具有全知全能、明察秋毫的超凡能力，来为他们伸张正义、平反冤狱，以便获得拯救。所以，可以这么说，如果没有政治制度的结构性改造，清官意识和清官迷信是不会自动消失的。

3. 贪官与清官通过信访的较量

其实清官难寻是历史告诉我们的一个基本事实，在大多数情况下，它只是一种理想而已，但对于清官的憧憬却反映了人们对公平和正义的追求。尽管人们有可能一次次在现实面前碰壁，但正是这种内心的力量在激励着人们不断地上访，因为他们相信只要自己坚持下去，就一定会遇到清官。中国古代有着一整套很成熟的上诉复审制度，其作用也是为了救济冤案，而且相对于直诉来说，更为实际和经济，可仍然有很多老百姓选择直诉这条不寻常的上诉路，目的就是寻求一个解救他们的清官。在普通老百姓眼中，正义和清官总是在遥远的地方，他们对地方衙门总是抱着一种不信任的态度。在他们看来，权力阶位越高，越能超越具体的社会利益格局，也就越能保持司法公正。于是他们背井离乡，上京直诉，希望能引起高层或仁慈的皇帝的注意。但必须指出的是，清官情结实际上是一出被清官话语遮蔽了的超级悲剧，反映了传统中国政治、法律、文化的真正悲剧。清官信仰暴露了传统中国的平民百姓缺乏独立自主的个体意识，一种由集权专制长期奴役而养成的顺从人格。而且，清官无论如何“爱民”，说到底，也只是皇帝的

“看家恶狗”罢了，这就是说，清官的背后是皇权。如果没有皇权，清官也就没有栖身之处，所谓“救民水火”的理想，根本无法实现。

（三）百姓对公义的失望与寻求构成信访直接来源

上诉复审制度是中国古代诉讼中下级审判机关将案件逐级申报上级审判机关，请求复审、定判的一项基本制度，主要目的是发现和纠正对案件的错误判决。古代有了这样一套相对成熟的冤案救济制度，为什么还有直诉制度的存在呢？

1. 无讼文化使百姓臣服于规范制度之下

在古代以亲属和地缘关系形成的熟人社会中，吃了官司还败诉对于个人和家族在当地来说是影响很大的事情。因此，官司打到衙门，人们将倾尽个人甚至家族的全力以求胜诉，如果因为证据不足或者程序的问题无法胜诉，则这种胜诉的意念就转化成信访的动力。而传统信访制度因重视实体公正而强调“申冤”，并以官吏是否勤于受理冤案、能否“拨乱反正”作为判断官吏优劣的标准，由此也形成了中国法律文化中强烈的申诉意识和青天观念。这些思想的影响及至现今，仍能见到当事人追求客观真实的执着，一旦被冤枉，或者客观事实与法律事实存在偏差，当事人便不愿承担因程序正义而牺牲实体正义的司法代价，层层申诉或者越级到市里、到省里、到中央去“申冤”，求得公正的处理。这便成为信访活动朴素的法律思想根源。

2. 受冤屈导致百姓对正义的执着

通常，中国古代百姓信访的案件都有一些实现正义的曲折。当正义被地方官吏践踏的时候，百姓往往诉之于具有矫正作用的信访制度，如在道光年间的赵二姑案。赵二姑被邻居强奸，县衙受贿枉法，逼认和奸，二姑愤激，当堂自刎。其亲友上京京控。道光帝下旨“交该抚邱树棠亲提严审”。邱树棠有意偏袒前审官员，京控被驳回。再次京控，道光帝下旨“著该抚派委委员，即将此案人证卷宗解交到刑部，分别严讯务得确情”。后经刑部审讯，案情终大白，相关官员得到惩处。[①]

对审判不公正考察有两个维度，其一是不公正审判的比例，其二是不公正审判的程度。在对这两个维度进行确认时，要先行对审判公正与否的标准和范围进行分析。

审判公正与否的民间话语体系与官方话语体系其实并没有太大的区别，那

①李豫，李雪梅：《赵二姑宝卷与清代山西叩阍大案》，《山西档案》2003年第3期。

就是“大公无私”“真相大白”“水落石出”“明察秋毫”“铁案如山”，这在衙门大堂前悬挂的“明镜高悬”匾额及众多的公案小说中都可以找到类似标准的要求。这样的标准无视人类认识世界的局限性，即使在今天，即使在西方，也是很难达到的。传统文学对相关“审判公正”的反映现在看来对法官并不公平，如《窦娥冤》《十五贯》《灰阑记》等。[①]“撇开其他因素不谈，在传统中国社会，导致冤假错案的根本原因，也许并非由于司法官员的法律知识不足，而是他们‘兼负’的破案能力不够，再加‘审限’制度的约束，一旦草率将事，难免出现冤假错案。”[②]无论刑事民事，将查清案件事实的责任全部委之于法官，既不符合现代法治体系中公检法的部门分工，也不符合包括举证责任分配在内的诉讼体制。因此按此标准和范围，传统中国审判的不公正度应当是非常高的。

1.2 信访制度的四十年回顾

1.2.1 历史回眸：信访发展四十年

（一）第一阶段：恢复过渡时期（1978—1982 年）

1976 年粉碎“四人帮”后，信访总量迅速增长。信访成为人们诉说冤屈、要求落实政策的首选渠道。特别是 1979—1981 年，成为新中国成立以来信访的高潮期，从中央到地方，信访工作受到前所未有的重视，发挥了前所未有的作用。据统计，1979 年中央联合接待室接待来访 18 万余人次，中办国办受理群众来信 108 万余件，创历史最高纪录。[③]国务院办公厅 1979 年收到来信来访 57.1 万件、1980 年 38.5 万件、1981 年 27.5 万件，来信数量之多、人数之多、投入力量之多、解决问题之多是新中国成立以来之最。[④]

1978 年 9 月 18 日，第二次全国信访工作会议在北京召开。会议的主要目的是对政策问题进行深入研究。会议分组讨论了国务院办公厅提出的当时信访工作

---

①苏力：《法律与文学——以中国传统戏剧为材料》，生活·读书·新知三联书店2006年版，第117～227页。

②徐忠明：《情感、循吏与明清时期司法实践》，生活·读书·新知三联书店2009年版，第177页。

③周梅燕：“中国信访的制度困境及出路”，中国选举与治理网。

④刁成杰：《人民信访史略》，北京经济学院出版社1996年版，第261页。

中反映出来的九个政策性问题，包括：反革命分子和其他坏分子的定性口径问题，非正常死亡和伤残人员的处理问题，遣返人员的处理问题，精简职工安置等问题。这次会议为1979—1982年间轰轰烈烈的平反冤假错案确立了一些具体的依据和标准。在这次会议上，时任中共中央组织部部长、力主拨乱反正、平反冤假错案的胡耀邦作了重要讲话，他指出，“不管是什么时候，什么情况下搞的，不管是哪一级组织，什么人定的、批的，凡是错了的就得平反，全错全平，部分错的部分平，不错的不平。”①

这一时期是“文革”之后我国正常国家秩序的恢复时期，广大的信访机构及其工作人员以其实效的工作，在国家进行拨乱反正的过程中，发挥了巨大的纠错和社会抚慰的作用，给那些受压制、受迫害的人们带来了安慰和公正。

（二）第二阶段：制度探索时期（1982—1995年）

1982—1994年，这一段时期，信访制度具有明显的过渡性特征。经过三年拨乱反正，我国各项事业进入正常轨道，社会秩序比较安定。这段时期内，我国主要进行了市场经济体制改革，不论是农村、还是城市，在计划经济向市场经济的转轨的过程中，引发了诸多矛盾，各种利益冲突十分明显。这一时期的信访制度便重点解决改革中由于政策原因、执行原因以及利益分配等原因而出现的各种社会问题。

这一段时期，由于没有法律制约，主要靠政策框架进行信访规范。而这一时期又是我国法律制度的恢复形成阶段，如《宪法》《民法通则》《刑法》《民事诉讼法》《刑事诉讼法》《行政诉讼法》等法律纷纷颁布实施。在这一进程当中，从重要程度上讲，显然，信访工作还不是独立的制度体系，因而信访制度的建构显然还难以列入立法计划的议事日程。

1980年8月，国务院颁布了《关于维护信访工作秩序的几项规定》，要求来访人必须遵守国家法令政策和信访的规章，对于说服教育无效的“缠访”人员要送交民政部门进行收容遣送，而对于伪造材料、冲击机关等闹事人员则由公安机关依法处理。1982年5月，国务院正式颁布了《城市流浪乞讨人员收容遣送办法》，在这一时期，信访制度开始与收容遣送制度挂钩。

1982年，第三次全国信访工作会议在北京召开，此次会议通过了《党政机关信访工作暂行条例》，共分六章二十一条，包括总则、机构的基本设置和基本

---

①刁成杰：《人民信访史略》，北京经济学院出版社1996年版，第226页。

任务，信访的管理原则、方法、步骤及信访工作人员守则等。一些部门和地方根据这一条例制定了实施细则。这一条例也是从1982年到1995年间支撑整个信访制度的重要制度框架，具有过渡性的特征。

1983年底，中央信访部门和政府部门专门颁发了针对长期滞留北京的上访人员的文件，规定："可以建立一个劳动场所，把他们集中起来，加强管理，边劳动、边教育，直到他们不再流窜为止。"①

在这一时期，信访制度开始与我国的整个法治建设相联系，《党政机关信访工作暂行条例》的颁布与实施说明了信访工作日渐踏上正轨。制度的建立使处于原始、无序状态的信访出现了正常的秩序，人们通过信访解决了很多通过单一的立法、执法和司法途径都难以解决的事情，信访制度这种解决纠纷的形式在人们心目当中有了更加突出而且重要的地位。

但由于当时我国整体上还处于法治初建时期，因此，信访制度也必然不完善。总体而言，有两种突出的现象：打击报复现象和匿名信现象严重。《党政机关信访工作暂行条例》所规定的信访解决制度中的"分级负责、归口管理"的规定，这样的制度设计使信访案件多为地方造成信访事件的权力机关所控制，特别是为原来引起信访事件的党政机关工作人员所控制，"秦香莲"的案子转到"陈世美"手上，令很多的上访群众受到迫害，结果便是匿名信和越级上访的人数不断增多。为此，1984年中纪委不得不专门发文件严厉指出："一个时期以来，不断有党员群众来信反映，有的机关党组织对群众的检举、控告和申诉信件，只是层层照转，甚至将检举控告信转给被检举、控告人处理。而有的党员干部，在得到别人对他的揭发信后，便滥用职权，给写信人横加罪名，进行打击，甚至公开威胁压制。"为此中纪委严肃申明，"严禁任何组织和个人将检举、控告信转给被检举、控告人处理，坚决保护党员和人民群众的民主权利"。②1987年3月2日，中纪委专门发布了《对于匿名信处理的意见》，指出："匿名信所反映的问题属实或基本属实、部分属实的占到了总数的70%以上，其中确属诬陷的只是极少数。"③为此，对于匿名信要慎重处理，认真对待。

（三）第三阶段：第一部《信访条例》时期（1995—2004年）

1995年10月28日，国务院总理签署了185号国务院令，发布了新中国成

①陈柏峰：《缠讼、信访与新中国信访传统》，载《中外法学》2004年第2期，第234页。

②《中央纪委关于纪律处理群众来信来访的通知》，中纪发〔1984〕11号。

③中纪委：《对于匿名信处理的意见》，1987年3月2日。

立以来的第一部严格意义上的《信访条例》。[①]这一条例的颁布实施是建立市场经济体制和应对信访形势的需要，符合信访工作发展规律。其主要贡献在于结束了信访活动无法可依的状况，是多年信访工作正反两方面经验的总结，是加强社会主义民主和法制建设的成果，是信访工作纳入法制化轨道的重要标志。

1995 年《信访条例》分总则、信访人、受理、办理、奖励和处罚及附则共 6 章 44 条。条例阐明了信访立法的指导思想和立法宗旨目的、调整的对象和范围、工作原则、领导职责和信访机构。规定了信访人行为准则及其权利和义务，明确了各级行政机关受理信访事项的原则、范围以及办理的方式和规则，信访行为主体应当承担的法律后果。信访立法的指导思想是“为了保持各级人民政府同人民的密切联系，保护信访人的合法权益，维护信访秩序”。工作原则是“分级负责、归口办理，谁主管、谁负责，及时、就地、依法解决问题与思想疏导教育相结合”。《信访条例》明确了信访事项属于行政机关受理的信访范围：“（一）对行政机关及其工作人员的批评、建议和要求；（二）检举、揭发行政机关工作人员的违法失职行为；（三）控告侵害自己合法权益的行为；（四）其他信访事项。”

《信访条例》是一部行政法规，不是全国人大颁布的国家法律，属于规定信访活动的程序法，同时也具有实体法的一些特征，其缺陷主要表现在约束力和操作性不够强，依然不能高效处理公民的信访诉求；领导批示模式等不规范趋向仍然在延续。问题还在于，一方面试图加强信访机构的权力，另一方面制定许多禁止性条款来规范公民的信访行为。“依法治访”的提法容易产生误导和负面影响，缺乏基本的法律依据。对有关职能部门来说，似乎有了禁止越级访和集体访的“尚方宝剑”便可以对信访人严加控制，信访人会感到合法信访权益被搁置的尴尬。

1995 年 10 月 30 日到 11 月 2 日，第四次全国信访工作会议在北京召开。时任国务院总理朱镕基在讲话时将信访的作用概括为三点：信访是体察民情的渠道，信访具有及时检验政策的反馈作用，信访是党尤其是高级干部联系群众的天然桥梁和纽带。[②]

（四）第四阶段：第二部《信访条例》时期（2005 年至今）

信访形势的压力使得出台信访法的呼声日益强烈。为了摆脱困局，争取主动，

---

①《信访条例》，1995年10月28日国务院令第185号，中共中央办公厅、国务院办公厅信访局编：《信访工作资料选编》，1995年9月印，第2页。

②朱镕基：《朱镕基同志在接见第四次全国信访工作会议代表时的讲话》，《中办通报》，1995年。

同时也考虑到《信访条例》的部分条款已经过时，如第 21、22 条的规定所涉及的收容遣送制度已于 2003 年 8 月 1 日被废止，修订后的《信访条例》于 2005 年 1 月 10 日公布并于同年 5 月 1 日起正式施行。条例的实施促使信访部门进一步改变秘书身份和"中转站"角色，促进各级政府向法治、服务、责任、有限、效能、阳光政府转变。

新条例的鲜明特色是确立了信访工作格局，进一步明确规定了县级以上信访机构的设置、性质和职责。要求县级以上人民政府建立"统一领导、部门协调，统筹兼顾、标本兼治，各负其责、齐抓共管"的信访工作格局，规定信访工作实行领导负责制。信访机构是本级政府负责信访工作的行政机构，在赋予信访机构受理、交办、转送、承办、协调、督查、调研和指导等基本职权的前提下，又明确赋予提出改进建议权、行政处分建议权、完善政策和解决问题建议权三项职权。对政府信访职能的规范使各级政府及其相关部门信访工作的职责更为明晰。

信访事项定位进一步清晰。明确信访人针对行政机关及其工作人员等五类组织、人员的职务行为反映情况，提出建议、意见或者不服其职务行为的，属于行政机关信访的受理范围。这与现行的行政复议、行政诉讼制度进一步衔接。条例将处理、化解民间纠纷等功能从行政机关信访受理范围与信访功能中分离出来，有利于引导信访人依法、理性信访。

进一步细化信访事项受理、办理程序。明确区分信访机构和职能部门的职责。信访机构负责信访事项登记、转送、交办、督办，职能部门受理信访事项后要登记、办理和答复。在受理程序中，按照信访事项的性质，规定了区分不同情况，分别处理的方式，增强了操作性。

提出信访事项实行受理办理、复查和复核三级终结制框架并明确规定其时限。三级终结制度是指同一信访事项最多经过三级行政机关的处理意见，信访人仍以同一事实和理由提出投诉请求，各级政府信访机构和其他行政机关不再受理。目前，绝大多数地方成立了专门的信访事项复查复核机构，公民的申诉权得到较好的保证。

新设报请制度和通报制度。对重大、紧急的信访事项，信访机构应当及时提出建议，报请本级政府决定。上下级信访机构定期、相互通报信访事项的转送和办理情况。

提示行之有效的经验做法。条例首次在行政法规中规定："对重大、复杂、疑难的信访事项，可以举行听证。听证应当公开举行，通过质询、辩论、评议、合议等方式，查明事实，分清责任。”吉林省出台的《信访听证暂行办法》对信访听证程序作了详细规定，河南、湖北、河北、江苏、安徽、重庆等省市也先后利用信访听证会解决了一批疑难信访问题。山东省于2015年1月1日开始施行《山东省信访事项听证办法试行》。一些地方实行的公开承诺、网络信访、律师参与接待制度、代理制度、领导接待日制度等经验做法，为今后信访工作制度化奠定了基础。

各种社会组织参与信访的机制值得培育。条例将政府主导下的社会团体参与信访机制写入其中，开始注意发挥社会团体如法律援助机构、专业人员、社会志愿者等解决信访事项的作用。此前，已有不少地方在尝试社会参与处理信访的机制，如威海市乳山寨乡就实行了驻村干部代理信访制，数小时内作出答复，密切了干部和群众关系，增强了相互信任，同时减轻了压力。律师参与政府信访接待并提供法律咨询的做法，在拓宽信访渠道的同时也收到一定实效。

1.2.2 信访制度发展的历史进程

信访制度发展的40年，是一个能量迅速发展、力量不断壮大的过程，这一伟大的过程与我国民主、法治建设相辅相成。一方面，随着我国民主建设和法治建设的不断发展，信访的制度创新也因此取得骄人的成就；另一方面，信访制度的完善和发展，也为我国的民主与法治建设提供了强大的助力，极大地推动了我国的民主和法治建设的历史进程。

（一）信访工作在国家生活中始终占有重要地位

信访制度的正式确立是在1949年8月，中央正式成立了中央书记处政治秘书室，任弼时被任命为该室主任，其主要任务就是处理人民群众的来信来访。“这样政治秘书室就成为我党历史上最早的信访专职机构。”[①]1950年，这一机构被撤销，新成立的中共中央办公厅秘书室继受了它的任务，由田家英任主任。与党的信访机构相对应，新中国成立之初中央人民政府也设立了接受人民来信来访的机构。当时由于我国法律体系还没有建立，因此人民群众反映问题主要是通过来信和来访两种形式。由于信访反映的问题很多，中共中央办公厅就群众来信问题向毛泽东作了《关于处理群众来信问题的报告》，1951年5月16日，毛泽东对此作了批示，这份批示对新中国信访制度的创建起到了奠基作用：“必

① 刁成杰：《人民信访史略》，北京经济学院出版社1996年版，第25页。

须重视人民的通信，要给人民来信以恰当的处理，满足群众的正当要求，要把这件事看成共产党和人民政府和人民联系的一种方法，不要采取掉以轻心置之不理的官僚主义的态度。如果人民来信很多，本人处理困难，应设立适当人数的专门机关或专门的人，处理这些信件。”①

1957 年年初，毛泽东发表了著名的《关于正确处理人民内部矛盾的问题》的文章，这一重要论述成为中国信访制度设计的指导思想，新中国第一次全国信访工作会议就是在这样的背景下召开的。会议集中讨论了《国务院关于加强处理人民来信和接待人民来访工作的批示（草稿）》和《中国共产党各级党委机关处理人民来信、接待群众来访工作的暂行办法（草稿）》两个文件，并着重解决了信访工作的两个根本问题：（1）关于领导问题：会议明确了中央部委和省级机关必须要有一位部长、副部长、省长、副省长、省委书记来领导信访工作，尤其是地方的省长、书记一定要抓信访，直接管信访机构或信访干部，并阅批重要信件，定期接见来访群众。（2）关于认识问题：会议要求提高对信访工作的重视，因为来信来访是人民群众的民主权利，而且信访反映出的问题对改进党的工作，解决人民内部矛盾有着重要价值。②

以邓小平为核心的第二代领导集体对信访工作也提出了许多指导性意见。第三代领导集体更是身体力行、率先垂范。

2004 年 9 月 19 日，中国共产党十六届四中全会通过了《中共中央关于加强党的执政能力建设的决定》，特别强调重视公民信访，做好信访工作，“健全正确处理人民内部矛盾的工作机制，完善信访工作责任制，综合运用政策、法律、经济、行政等手段和教育、协商、调解等方法，依法及时合理地处理群众反映的问题。建立健全社会利益协调机制，引导群众以理性合法的形式表达利益要求、解决利益矛盾，自觉维护安定团结。”

党的第三代领导人指出：“群众利益无小事。凡是涉及群众的切身利益和实际困难的事情，再小也要竭尽全力去办。”③针对 2003 年部分地区进京信访增多的问题，胡锦涛提出“五个必须”：“必须提醒各级党委、政府高度重视，必须

①中共中央文献研究室编：《建国以来重要文献选编》第2册，中央文献出版社1992年版，第265页。

②刁成杰：《人民信访史略》，北京经济学院出版社1996年版，第107页。

③胡锦涛2003年7月1日《在“三个代表”重要思想理论研讨会上的讲话》，《十六大以来重要文献选编》上册，中央文献出版社2005年版，第372页。

带着深厚感情做工作，必须坚决贯彻党的政策，必须努力把问题处理在当地，必须加强协调配合。”①

（二）信访组织逐渐向专业化、系统化发展

2000 年 2 月，经中共中央、国务院批准，中央办公厅国务院办公厅信访局升格为副部级单位，更名为国家信访局，同年 11 月正式挂牌，在国内外产生了很大影响。国家信访局为国务院办公厅管理的负责信访工作的行政机构，业务上接受中共中央办公厅、国务院办公厅指导，内设办公室、办信司、来访接待司、研究室、行政财务司、人事教育司等六个职能司室。国家信访局的主要职责有七项。（1）负责处理国内群众和境外人士给党中央、国务院的来信，接待群众来访，保证信访渠道畅通及时，准确地向党中央、国务院和中共中央办公厅、国务院办公厅领导同志反映来信来访中提出的重要建议、意见和问题，综合分析信访信息，开展调查研究，提出制定有关方针、政策的建议。（2）承办党中央、国务院和中共中央办公厅、国务院办公厅领导同志交办的信访事项，督促检查领导同志有关批示件的落实情况，向地方和部门交办信访事项，督促检查重要信访事项的处理和落实。（3）协调处理跨地区、跨部门的重要信访问题，协调处理群众集体来京上访和异常、突发信访事件检查，协调中央党、政、军各部门信访工作和地方党、政机关的信访工作。（4）指导全国信访业务工作研究，起草有关信访工作的方针、政策和法律、法规草案，总结推广各地区、各部门信访工作的经验，提出改进和加强信访工作的意见和建议。（5）了解并掌握信访工作队伍建设情况，组织信访干部的培训指导，信访部门办公自动化建设。（6）负责信访工作的宣传和信息发布，协调信访工作外事活动和对外交流。（7）承办党中央、国务院和中共中央办公厅、国务院办公厅领导同志交办的其他事项。②

2005 年开始实施的新《信访条例》以行政法规的形式规定：“县级以上人民政府应当设立信访工作机构；县级以上人民政府工作部门及乡、镇人民政府应当按照有利工作、方便信访人的原则，确定负责信访工作的机构或者人员，具体负责信访工作。”

从横向上看，到目前为止，信访机构的设置已经全面覆盖了立法、执法、司法、军队、国企等国家公权力系统；甚至还包括军队系统和绝大多数国有企业事业单位，包括医院、学校和商业机构。在中国，除了外资企业和民营企业，信访

①《国家信访局关于开展群众重复上访问题专项治理工作的通知》，国信发〔2003〕5号。

②《中办国办信访局更名国家信访局》，《人民信访》2000年第2期，第9页。

系统已经覆盖了几乎所有的单位。从纵向上看，信访机构的设置已经延伸到国家最高权力机关和最基层的国家权力机关。这种纵横交织的网状组织结构体系，形成了一个空前广泛的问题解决机制。机构的设置为信访制度发挥全面的功能提供了组织上的保障。

（三）从政策到法规：信访制度不断法治化、现代化

1966—1976年，是信访制度的停滞与萧条时期。在这一时期，全国的政治、经济和文化事业受到严重摧残，各地党政机关先后瘫痪，信访的发展受到了严重的阻碍，信访工作也陷入低谷。这一时期信访工作的特点是：信访受重大政治事件的影响严重，随着政治的起伏而起伏。重复信访比较多，这与国家党政机关的瘫痪相应，没有党和政府的支持，信访机关难以单独发挥作用。自1978年以后，信访工作逐渐走向正常化。1980年7月，中办信访局、人大信访局和国办信访局对新时期中央各部门在信访上的分工归口重新作了安排，出台了《关于中央各部门归口分工接待群众来访的暂行办法》，信访制度的归口管理机制得到完善。

从制度建设的角度来看，信访从主要以政策为调整手段的模式走出来，转向以行政法规为主要调整手段的阶段，特别是2005年实施的新《信访条例》规定："各级人民政府、县级以上人民政府各工作部门的负责人应当阅批重要来信、接待重要来访、听取信访工作汇报，研究解决信访工作中的突出问题。"信访工作被完全纳入各级人民政府的工作范围之内。

在学习和引进国外先进经验的基础上，信访制度又增加了对重大信访事项的听证制度、信访机关对信访事项的督办制度、与公务员考核挂钩的信访绩效制度、信访机关的法律责任制度等。这些新的制度模式使信访走向了现代化。

信访实践中，联席会议制度的创立与发展则体现了信访制度的现代化趋势。"中央国家机关信访工作联席会始于1991年10月，一年一次，由中央部委轮流承办，到1996年7月共举办7次。"2004年8月，根据中共中央书记处的批示，中央建立了中央集中处理信访突出问题及群体性事件联席会议制度，包括了28个部门和单位，随后地方也纷纷建立了信访联席会议制度。这种制度对于协调解决信访问题提供了一个快捷的制度通道。

党的十八大以来，在法治国家、法治政府和法治社会一体化建设的宏大背景下，各省、直辖市和自治区结合当地的信访经验和特殊情况，纷纷制定了地方的信访条例，颁布了一批具有地方特色的信访法律规范，推动了信访的法治化、中

国化和现代化的进程。

1.2.3 信访制度的中国特色

从信访制度的整个历史发展过程来看，呈现出以下几个主要特点：

（一）强大的社会适应力

1. 信访适用范围的模糊性

我国目前尚处于社会转型时期，法律体系还不成熟，出现了很多属于政策与法律交界面的问题。[①]“合法不合理”和“合理不合法”的现象比较普遍，对于这样的“灰色”中间区域，司法裁判的“非黑即白”显然还不太适应。另外，信访制度中还有一种机制保证了国家对于未来可能有问题的政策的防范，那就是信访人可以对行政机关制定政策、改进工作提供建议，[②]有利于相对人参与公共领域，这是公民对国家生活参与权的落实，公民可以通过这一方式对国家未来的建设发挥作用。

2. 信访机关权力的柔和性

在《信访条例》当中，赋予了信访机关诸多形态的权力，如调查权、建议权、报告权、公开权、支持权、督促权、联席会议召集权、协调权、指导权等多种柔

①国家信访局分析群众信访活动涉八大焦点：一是企业改制、劳动及社会保障问题。其中，拖欠在职和离退休人员工资、职工下岗失业后再就业困难、基本医疗无保障、社保基金不到位等，是当前群众集体来访中反映较为突出的问题。二是“三农”问题，即农民、农村和农业问题。主要是反映一些地方农村税费改革政策落实不到位，农民负担没有明显减轻；一些村组财务管理混乱、村委会换届选举不规范；一些地方违规征占买卖土地，补偿标准较低且被层层截留克扣，失地农民得不到妥善安置；乡村基层干部作风粗暴，干群之间矛盾突出。三是涉法涉诉问题。主要是各类纠纷、不服法院判决等。这类问题积案较多，重复来信来访量大，长期滞留上访的人多，已成为长期困扰各级信访部门的主要问题之一。四是城镇拆迁安置问题。主要是反映在城镇建设、拆迁等工作中不严格依法办事，补偿和安置不合理，拆迁户不能及时回迁，房地产开发不规范等问题。五是反映干部作风不正和违法乱纪问题。六是基层机构改革中的问题。主要反映一些地方借机构改革增加编制、增添副职，或借竞争上岗收受好处、安排亲友，以及精简分流搞一刀切等问题。七是环境污染问题。搞建设急功近利，破坏了生态环境。八是部分企业军转干部要求解决政治待遇和经济待遇问题。近期此方面人员信访活动较为频繁。黄海燕：“官员称大多数信访问题通过努力可得及时妥善处理”，中国新闻网，2003年11月20日。

②《信访条例》二十九条规定：信访人反映的情况，提出的建议、意见，有利于行政机关改进工作、促进国民经济和社会发展的，有关行政机关应当认真研究论证并积极采纳。

性的、灵活的权力方式。[①] 这些柔和的权力形态不但适合于解决信访人提出的种种现实问题，而且也适合于发挥政府的权力功能，实现政府效能。

（二）平衡的双向功能

1. 信访是公民权利救济有效手段

相对于行政复议、行政诉讼、国家赔偿等几种权利救济制度而言，信访制度不但受案范围广泛，不受严格的起诉条件、当事人资格、程序限制，而且成本低廉、手段柔和、效果明显、解决问题彻底。这些特点决定了信访制度本身的合理性。由于这种合理性来自其本身内在的基本属性，因而体现了信访制度的内在合理性。从目前我国信访数量大增的现实来看，信访制度的社会需求还是十分庞大的。任何一个社会、任何一个国家，要发展、要强大，一定会有各种各样的问题，而如果这些问题能够及时地浮现出来，就会有一个治理的机会，信访制度恰恰是在这个意义上表现了对权利救济的合理性。

2. 信访是公权力监督和完善的有效手段

信访是一种权力体制之外的监督模式，相对于我国目前的政党监督、人大监督、行政监督和司法监督而言，这种监督模式更加客观、公正，而且具有针对性。

①对于《信访条例》中所规定的新的信访权力形态，笔者择数项以举证：调查权，《条例》第三十一条：对信访事项有权处理的行政机关办理信访事项，应当听取信访人陈述事实和理由；必要时可以要求信访人、有关组织和人员说明情况。建议权，《条例》第三十七条：县级以上人民政府信访工作机构对于信访人反映的有关政策性问题，应当及时向本级人民政府报告，并提出完善政策、解决问题的建议。报告权，《条例》第二十六条：公民、法人或者其他组织发现可能造成社会影响的重大、紧急信访事项和信访信息时，可以就近向有关行政机关报告。公开权，《条例》第三十一条：对重大、复杂、疑难的信访事项，可以举行听证。听证应当公开举行，通过质询、辩论、评议、合议等方式，查明事实，分清责任。支持权，《条例》第三十二条：对信访事项有权处理的行政机关经调查核实，应当依照有关法律、法规、规章及其他有关规定，分别作出以下处理，并书面答复信访人：请求事实清楚，符合法律、法规、规章或者其他有关规定的，予以支持。督促权，《条例》第三十二条：有权处理的行政机关依照第三十二条第（一）项规定作出支持信访请求意见的，应当督促有关机关或者单位执行。联席会议召集权，《条例》第五条：县级以上人民政府应当建立统一领导、部门协调，统筹兼顾、标本兼治，各负其责、齐抓共管的信访工作格局，通过联席会议、建立排查调处机制、建立信访督查工作制度等方式，及时化解矛盾和纠纷。受理、交办、转送、协调、督促检察、研究、指导权，《条例》第六条：县级以上人民政府信访工作机构是本级人民政府负责信访工作的行政机构，履行下列职责：（一）受理、交办、转送信访人提出的信访事项；（二）承办上级和本级人民政府交由处理的信访事项；（三）协调处理重要信访事项；（四）督促检查信访事项的处理；（五）研究、分析信访情况，开展调查研究，及时向本级人民政府提出完善政策和改进工作的建议；（六）对本级人民政府其他工作部门和下级人民政府信访工作机构的信访工作进行指导。

此外，信访监督相对于上述三种监督方式而言，更加具有建设性，因为信访的结果中，不但有对相对人权利的救济，而且还有对当前不合理制度的建议，如果建议被接纳，那么无疑意味着国家制度的完善和进步。① 这一点对处于转型和过渡时期的国家而言，是十分重要的，特别是我国目前还没有立法规划和立法评估制度，很多制度中所存在的弊端严重影响了改革开放的效果。

（三）宽泛的受案范围

1. 组织的广泛性决定了受案范围的广泛

从横向上看，到目前为止，信访机构的设置已经全面覆盖了立法、执法、司法、军队、国企等国家公权力系统；从纵向上看，信访机构的设置已经延伸到国家最高权力机关和最基层的国家权力机关。这种纵横交织的网状的组织结构体系，形成了一个空前广泛的问题解决机制。在这样的制度体系当中，信访的功能既可以涉及社会公共管理的方方面面，同时，信访的功能也有利于公民基本权利的保障和实现，不论是政治权利、经济权利还是社会文化权利，不论是个人权利还是集体权利，都可以通过信访的渠道加以维护。在国家所有的制度体系当中，能够提供如此宽泛权利救济和保障的机制除信访以外实在不多见。

2. 信访受案范围的宽泛性

在《信访条例》的条文当中，没有受案范围的规定，这与正式救济制度的行政诉讼、行政复议完全不同。第一，信访采用的是一种针对行为主体行为的宽松的立法技术。只要是对行政机关或其工作人员的行为有意见就可以提起信访事项，这种以广义的行政主体的行为作为救济识别标准的立法技术省去了定义“行政行为”这一抽象概念的诸多麻烦。② 第二，信访受理不以行政行为作为受理标准。《信访条例》采取了以“行政主体的行为”为受理对象的受理制度，而没有采取以“具体行政行为”为对象的受案范围制度。这种立法技术的优点是不对行政行为作更细致的分类，因此，不论是具体的行政行为，还是抽象的行政行为，亦不论是内

---

①《信访条例》第八条规定：信访人反映的情况，提出的建议、意见，对国民经济和社会发展或者对改进国家机关工作以及保护社会公共利益有贡献的，由有关行政机关或者单位给予奖励。

②《信访条例》第十四条规定：信访人对下列组织、人员的职务行为反映情况，提出建议、意见，或者不服下列组织、人员的职务行为，可以向有关行政机关提出信访事项：（一）行政机关及其工作人员；（二）法律、法规授权的具有管理公共事务职能的组织及其工作人员；（三）提供公共服务的企业、事业单位及其工作人员；（四）社会团体或者其他企业、事业单位中由国家行政机关任命、派出的人员；（五）村民委员会、居民委员会及其成员。

部行政行为，还是外部行政行为，都可以通过信访进行救济。这一点对于作为新的行政行为方式的非强制性行政行为来说，无疑是一个“福音”。没有了是否是具体行政行为的审查，没有了是否是外部行政行为或单方行政行为的审查，更没有了是否是存在“强制力”“不产生实际影响”的挑剔，这种无“受案范围”[①]限制的立法技术为权利的救济敞开了大门。这样的制度设计，为广大的人民群众敞开了大门，有利于信访人利用信访渠道进行救济。

（四）费用低廉，简单易行

1. 费用节省

信访费用的节省来自两个方面，一是对于信访人而言，信访不需要向信访机关交纳任何费用，相反，对于那些生活十分贫困的人来说，信访机关还可能提供基本的生活帮助。这一点与司法诉讼高昂的收费来讲，显然更关注了信访人的经济状况。二是对于信访机关而言，以系统内的资源和现有的财政拨款来解决问题，显然比用制度外的资源还要节省。简言之，通过司法制度而达到的公正必须以机构设置、人员培训、设备更新为现实基础，缺了这些“代价不菲”的条件，司法的功能就不能充分实现。而信访制度则无须考虑这些投入，因为信访这个解决问题的功能是国家公权力本身就已经具有的。

2. 操作技术简单

对于信访人而言，当他决定进行信访时，其前提条件几乎是非常低的，他并不需要具有多么专业的知识，不需要经过多么繁杂的程序，他可以无诉讼行为能力、甚至是不识字的，只要他向有关机关开口诉说他的委屈、提出他的要求，信访机关就会有答复，即便答复并不一定令他满意。信访制度对于信访人的自我决定、自由操作都提供了很好的对应机制。

（五）方法柔和，效果显著

信访的实质是一种非强制性的行政行为，[②]最突出的特点就是非强制性，是

---

①于2000年3月10日起开始实施的《最高人民法院关于执行〈中华人民共和国行政诉讼法〉若干问题的解释》中，将调解行为以及法律规定的仲裁行为、不具有强制力的行政指导行为及对公民、法人或者其他组织权利义务不产生实际影响的行为等排除在外。

②所谓非强制性行政行为是指行政主体和行政相对人在其各自的法定职权和权力范围内，为实现各自的目的，依据法律规范或法律原则、精神或政策，采用计划、指导、调解、合同、资助等非强制性的方式和手段，自愿地为或不为某种行为的行政行为，在这类行为方式当中，行政相对方的意思表示起最后的决断作用。参见田文利：《非强制性行政行为及其法治化路径研究》，中国知识产权出版社2008年版，第72页。

意思的协商性，是一种基于双方自愿的行为，这与强制性行政行为有着重大的区别。按照一般的行政法学理论，权利的救济必须通过违法行为或侵权行为的判断，而判断行政违法、或行政侵权的一个重要构成要件是行政主体的违法行为与侵害结果之间的因果关系。在强制的行政行为当中，由于意志的单方性、行为的单方性很容易得出判断因果关系的结论，而在非强制性行政行为当中，意志的双方性，行为的互动性和连续性特征，致使侵害行为与结果之间的因果判断就成为一个复杂的问题。信访制度中的民主协商机制具有的多种积极功能，使上述问题得到解决。[①] 具体而言，信访制度的协商机制有如下特点：

1. 协商共识，解决问题

信访的形式使信访人的不满得到真切的表达，其意见和建议能够得到行政主体的倾听。这种方式有助于在行政主体与相对方之间进行沟通和对话，缓和矛盾，达成共识。信访的开放式结构可以吸纳多方意见，[②] 这与非强制性行政行为的可协商性恰好吻合。信访的形式是相对人主观愿望的一种直接表达，省去了证据、推理和判断的繁文缛节。

2. 在自愿基础上，定分止争

新《信访条例》第十三条规定：“设区的市、县两级人民政府可以根据信访工作的实际需要，建立政府主导、社会参与、有利于迅速解决纠纷的工作机制。信访工作机构应当组织相关社会团体、法律援助机构、相关专业人员、社会志愿者等共同参与，运用咨询、教育、协商、调解、听证等方法，依法、及时、合理处理信访人的投诉请求。”以说服、协调等软方式解决问题的办法容易获得信访人的配合，保证了信访的效果。这与司法途径那种久拖不决、是非分明、难于执行的情形相比，显然更受人民群众的欢迎。

（六）处理方式灵活多样

正式的法律制度以法条规范、程序严格、责任分明为基本特征。法治虽然是理性的治国之道，但这套机制的运行却是有一定前提的，同时运行的成本也是十

①2001年，最高人民法院审结的案件有3047件，而处理的来信来访案件却多达152557件（人）次。引自最高人民法院院长肖扬2002年《法院工作报告》。从这一数字来看，信访的功能还是相当强大的。

②《信访条例》第十三条规定：设区的市、县两级人民政府可以根据信访工作的实际需要，建立政府主导、社会参与、有利于迅速解决纠纷的工作机制。信访工作机构应当组织相关社会团体、法律援助机构、相关专业人员、社会志愿者等共同参与，运用咨询、教育、协商、调解、听证等方法，依法、及时、合理处理信访人的投诉请求。

分高昂的，在没有可以信任的律师、没有充足的诉讼费用、没有相信将来不受报复、没有打赢官司之前，很多人是不敢轻言诉讼公堂的。矛盾的尖锐性、责任的清晰性及后果的严肃性都使普通百姓望而却步。从信访事件的性质来看，常发现信访事件处于几个部门都管或者几个部门都不管的状态，或者是一个部门的权力行为而引起其他部门的后果，当事人难以分清各个公权力的职责界限、难于确定责任主体。从法律的根本目的来看，其最终目的在于保持正常的秩序，使人们的生活井井有条地继续下去。一言以蔽之，法律的根本宗旨在于保持和恢复人们正常的生活秩序，而信访的方式恰好适应了人们的普遍诉求，因为信访可以以一种和缓的、有利于团结的方式解决问题。不论是信访的受理方式，还是解决问题的方式，抑或是信访的结果转化方式都体现了信访制度的高度灵活性。具体而言，信访制度的高度灵活性体现在以下三点：

1. 受理方式灵活

《信访条例》第二条规定，信访的方式包括以“信件、电子邮件、传真、电话、走访等形式，向各级人民政府、县级以上人民政府工作部门反映情况，提出建议、意见或者投诉请求”，这些方式使信访人拥有了很大的自由选择权利。

2. 解决方式灵活

《信访条例》第十三条规定了多种解决信访事项的工作方式：“信访工作机构应当组织相关社会团体、法律援助机构、相关专业人员、社会志愿者等共同参与，运用咨询、教育、协商、调解、听证等方法，依法、及时、合理处理信访人的投诉请求”，这些解决信访人问题的方式使信访人有可能以最佳的方式实现自己的权利。

3. 结案方式灵活

《信访条例》第二十九条规定如果信访人的意见“有利于行政机关改进工作、促进国民经济和社会发展的，有关行政机关应当认真研究论证并积极采纳”，这一规定超越了行政复议和行政诉讼法当中只对具体行政行为进行救济的形式，转而对更高一级的抽象行政行为、政策行为都有所关涉，这种由个案而直接上升到普遍制度的方式是一般的司法性个案所不具备的。

1.2.4 信访制度的功绩与成就

信访是一项具有中国特色的制度，它是人民群众依法行使民主权利，管理国家事务，管理经济和文化事业，管理社会事务和维护自身合法权益的重要形式；

是国家机关发扬社会主义民主，听取人民群众意见、建议和要求，接受人民群众监督的重要渠道。[①]自新中国成立以来，信访成为联系党与人民、国家与公民之间的桥梁，在国家的政治、经济和社会各项事业的建设当中发挥了积极的协调、沟通、促进作用，成为社会主义民主和法治建设的重要阵地。从信访制度的发展历程来看，信访制度发挥着保障救济公民权利，监督、改善国家权力的功能，对我国社会主义制度的平稳、高效运行都作出了切实的贡献，成为国家制度体系中的重要机制，起到反思、建构、连接作用。具体而言，信访制度的重大贡献，主要表现在如下几个方面：

（一）全面反映社情民意，广泛增强政权合法性

1. 提供真实民情动态

从信访制度所提供的信息总体情况来看，具有几个鲜明的特点：

一是信息来源的真实性、客观性强；二是信息的丰富性、可靠性高；三是个案性、具体性明显，信访制度几乎成为我国民情的“晴雨表”。2003 年，时任国家信访局局长的周占顺在接受《半月谈》采访时说：“据调查分析，当前群众信访特别是群众集体上访所反映的问题中，80％以上反映的是改革和发展过程中的问题，80％以上有道理或有一定实际困难和问题应予解决，80％以上是可以通过各级党委、政府的努力加以解决的，80％以上是基层应该加以解决也是可以解决的问题。”[②]对于国家而言，信访所提供的信息给国家未来政策的制定起到了“眼睛”和“耳朵”的作用。

2. 对合法权威的认可

从信访制度的整体来看，它是一个在既定的制度框架内实现正义的过程。要启动这个过程，首先需要满足三个基本前提：一是对当前政权合法性的认同；二是对现实制度规范的认同；三是受理组织正当性的认同。这三个认同前提构成了人民群众去运用信访制度的基本心态。如在《大河移民上访的故事》中，

①1995年颁布的《信访条例》将信访界定为：公民、法人和其他组织采用书信、电话、走访等形式，向各级人民政府、县级以上各级人民政府所属部门（以下简称各级行政机关）反映情况，提出意见、建议和要求，依法应当由有关行政机关处理的活动。10年之后，2005年颁布实施的新《信访条例》同样将信访界定为：公民、法人或者其他组织采用书信、电子邮件、传真、电话、走访等形式，向各级人民政府、县级以上人民政府工作部门反映情况，提出建议、意见或者投诉请求，依法由有关行政机关处理的活动。而从广义的信访来说，信访还包括向各级党委、法院和检察院及国有企业所进行信访的活动。

②王永前：《破解群众信访八大热点》，《半月谈》（内部版）2003年第11期，第24－25页。

那些受尽欺凌的百姓对于北京中央的亲人仍然抱有坚定的信念："他无论在多么远的地方，也无论他在多么幽深的地方，他总还是我们的亲人，他总有一天会救我们出苦海的。"[①] 从人民群众质朴的语言中可以看出，我们的党和我们的政府在人民群众的心目当中所具有的权威地位。它从现实生活的角度反映了普通人民群众对国家政权的认可。

（二）促进民主法治建设，积极稳妥实现正义

从我国目前信访机关所受理的案件来看，建议类、涉诉类、求决类、检举类的信访案件均层出不穷。这些信访案件所反映出来的问题都是我国对外开放、经济建设、法治建设以及执政党建设中存在的现实问题。这些问题的解决，极大地促进了社会的团结，而且全面提高了我国社会主义改革开放的建设成就。

1. 发展民主，促进法治

回顾信访的发展历史，可以看出信访制度的演进是与我国民主与法治建设同步而行的：新中国成立伊始，信访工作成为各级人民政府的一项专门工作，随后各级机关的信访部门逐步成立，组织日趋完善；在"文革"时期，各级党委和政府的信访工作机构受到强烈冲击，"文革"后，各级信访力量迅速加强，专门的信访机构和专业化的信访干部不断增加。在信访制度的演进过程当中，民主化始终是最为嘹亮的主旋律，它一方面代表了作为国家主人的人民的心愿，体现了执政党对人民利益的关切之情，更为重要的是，信访成为我国法治建设的一个重要环节，使信访成为实现民主、推动民主、完善民主的重要途径。

2. 促进团结，实现正义

从社会共识的角度而言，"正义是社会制度的首要价值"。[②] 但从各个国家的现实情况来看，绝对的正义在现实中并不存在。这种现实与理想之间的反差需要一种特别的调整和改进机制：这种机制可以将现实中不完善、缺陷或者不足的问题提出来、并进一步解决好，甚至将这些问题转变为一种促进制度反思和完善的力量。这种灵活、高效、切中要害的机制，就我国目前现实状况而言，是由信访机关来承担的。由此，信访便具有了一种特别的意义，那就是使社会正义成为可以凭借不断改善而实现的机制，使社会正义成为一种正在向人们走来的盼望。这种希望使人们对未来怀有更深切的期待，这是信访制度对社会的安定、团结和稳定所起到的积极作用。

---

①应星：《大河移民上访的故事》，三联书店出版社2001年版，第160页。

②信春鹰：《正义是社会制度的首要价值》，载《读书》2003年第6期。

总之，在中国特殊的国情和特殊的历史条件下，信访制度对我国社会的发展、改革与开放的伟大历史进程，对我国社会文明与进步都起到了积极的推动作用。历史证明，信访制度是我国一项重大的制度创新，具有重大的理论和实践意义。正如中共十九届四中全会《中共中央关于坚持和完善中国特色社会主义制度，促进国家治理体系和治理能力现代化若干重大问题的决定》所明确指出："完善正确处理新形势下人民内部矛盾有效机制。坚持和发展新时代'枫桥经验'，畅通和规范群众诉求表达、利益协调、权益保障通道，完善信访制度，完善人民调解、行政调解、司法调解联动工作体系，健全社会心理服务体系和危机干预机制，完善社会矛盾纠纷多元预防调处化解综合机制，努力将矛盾化解在基层。"

1.3 现实信访制度的七大焦点问题及原因分析

据贺方在 3 月 29 日的《法制日报》上报道：近日，中国政法大学副校长马怀德教授指出，人们解决纠纷"信访不信法"是一种不正常的现象。公众为什么"信访不信法"？原因是信访比正常的法律途径更容易解决问题。对于这一点，正如马教授所言，"由于不受任何事实证据、期限、步骤、方式等限制，在个别时间和个案中又能够'一步到位'解决问题，信访成为越来越多当事人的首选。"[①] 正是因为在某些时候"信访"比"信法"管用，所以公众解决纠纷"首选"信访。马教授的话揭示了信访制度的独特价值。

在一般传统的法治思维当中，司法制度本来是社会正义的最后一道屏障。但遗憾的是，现实中出现了聂树斌案、呼格吉勒图案等一系列重大冤案。无情的现实恰恰说明了作为最后一道屏障的司法出现严重错误，而作为权利救济补充形式的信访却成为人们不懈追求正义的制度通道。这些案件几乎都是通过信访的方式得以平冤的，聂树斌案和呼格的家人都进行了长达十几年不间断的信访历程。这些案件最终的处理结果说明了信访制度的重大价值。由于信访实现的正义比司法实现的正义更让人民群众满意，所以，公众平冤解难"终选"信访。

正是由于信访制度在人民群众心目中，既有"首选"的效率价值也有"终选"的正义价值，给了信访人其他的正式法律制度所不能给予的期待。诚然，在一个法治社会，所有的问题应当归结为法律问题，而在目前的中国，所有的问题都会

①贺方：《信访不信法 根子在哪里？》，载《理论与当代》2010年第6期。

归结为上访问题。总体来看，信访制度的公信力并不亚于立法、执法和司法制度。因此，众多的信访人聚集于信访机关的门外，信访案件的数量远远高于行政复议和行政诉讼的数量。

虽然如此，信访人在进行信访的过程中却并非那么容易，也是充满各种各样的辛酸和危险，各地信访机关和政府的某些做法也使得信访制度在某种程度上承受了种种责难。

1.3.1　信访扯皮现象：转圈与推磨

问题与现象图片	
原因分析	1. 多个领导的批阅意见不一致，领导的意见与原处理机关的意见不一致使信访案件大量沉积、重复。 2. 信访机关与原处理机关的权力之间的关系没有理顺。原处理机关的权力不受信访机关权力的监督和限制。
《信访条例》依据	第四条　信访工作应当在各级人民政府领导下，坚持属地管理、分级负责，谁主管、谁负责，依法、及时、就地解决问题与疏导教育相结合的原则。 第五条　各级人民政府、县级以上人民政府工作部门应当科学、民主决策，依法履行职责，从源头上预防导致信访事项的矛盾和纠纷。 县级以上人民政府应当建立统一领导、部门协调，统筹兼顾、标本兼治，各负其责、齐抓共管的信访工作格局，通过联席会议、建立排查调处机制、建立信访督查工作制度等方式，及时化解矛盾和纠纷。

1.3.2 领导多头受理：无人承担责任

问题与现象图片	
原因分析	1．信访案件中涉及多个机关和部门，他们各成体系，互相推脱，不能协调，因为我国政府机关权力的分配就是如此。 2．制度设计以公权力为核心，为了照顾信访机关和被信访机关的方便，而不是以信访案件为核心，解决信访人的疑难。其结果就是信访人被各种机关支得团团转，不停地跑信访，最后转化为情绪对立，采取过激措施。
《信访条例》依据	第六条　县级以上人民政府应当设立信访工作机构；县级以上人民政府工作部门及乡、镇人民政府应当按照有利工作、方便信访人的原则，确定负责信访工作的机构（以下简称信访工作机构）或者人员，具体负责信访工作。 县级以上人民政府信访工作机构是本级人民政府负责信访工作的行政机构，履行下列职责： （一）受理、交办、转送信访人提出的信访事项； （二）承办上级和本级人民政府交由处理的信访事项； （三）协调处理重要信访事项； （四）督促检查信访事项的处理； （五）研究、分析信访情况，开展调查研究，及时向本级人民政府提出完善政策和改进工作的建议； （六）对本级人民政府其他工作部门和下级人民政府信访工作机构的信访工作进行指导。

1.3.3 精神病的陷阱：被异化的制度

<table>
<tr><td>问题与现象图片</td><td>  </td></tr>
<tr><td>原因分析</td><td>1．信访人的无理要求、情绪宣泄、不合适的信访方式很容易被精神病化。
2．信访接待方法缺少人性化设计，不重视心理技巧的运用。信访机制中没有解压、缓解、冷却、安抚等灵活解决问题的机制设计。</td></tr>
<tr><td>《信访条例》依据</td><td>第二十条　信访人在信访过程中应当遵守法律、法规，不得损害国家、社会、集体的利益和其他公民的合法权利，自觉维护社会公共秩序和信访秩序，不得有下列行为：
（一）在国家机关办公场所周围、公共场所非法聚集，围堵、冲击国家机关，拦截公务车辆，或者堵塞、阻断交通的；
（二）携带危险物品、管制器具的；
（三）侮辱、殴打、威胁国家机关工作人员，或者非法限制他人人身自由；
（四）在信访接待场所滞留、滋事，或者将生活不能自理的人弃留在信访接待场所的；
（五）煽动、串联、胁迫、以财物诱使、幕后操纵他人信访或者以信访为名借机敛财的；
（六）扰乱公共秩序、妨害国家和公共安全的其他行为。</td></tr>
</table>

1.3.4 艰辛的信访路：制度合法拦截

问题与现象图片	
原因分析	1．信访与抗议、信访与复议、信访与诉讼、正常信访与违法信访之间的界限没有明确的法律规定，使信访过程充满不确定性。 2．信访人与被信访人的权力对比不平衡、财政压力不平衡、心理压力不平衡。与被信访人的强势、安稳、有保障形成鲜明对比的是信访人的弱势、焦虑、没有安全感。
《信访条例》依据	第七条　各级人民政府应当建立健全信访工作责任制，对信访工作中的失职、渎职行为，严格依照有关法律、行政法规和本条例的规定，追究有关责任人员的责任，并在一定范围内予以通报。各级人民政府应当将信访工作绩效纳入公务员考核体系。

1.3.5 没有责任主体：解决效率低下

问题与现象图片	

原因分析	1．没有独立的信访机关，没有专业的信访人员，没有稳定的信访程序规则，没有确定的效力保障措施，使信访案件解决效率十分低下。 2．信访制度的整体架构不科学、不合理。转办、交办、督办不是办理信访案件的根本办法。 3．国家信访局开设网上投诉系统，虽然已经投入运转，还不具有信访案件处理功能，仍然受现行《信访条例》的局限。
《信访条例》依据	第十一条　国家信访工作机构充分利用现有政务信息网络资源，建立全国信访信息系统，为信访人在当地提出信访事项、查询信访事项办理情况提供便利。 县级以上地方人民政府应当充分利用现有政务信息网络资源，建立或者确定本行政区域的信访信息系统，并与上级人民政府、政府有关部门、下级人民政府的信访信息系统实现互联互通。 第二十一条　县级以上人民政府信访工作机构收到信访事项，应当予以登记，并区分情况，在 15 日内分别按下列方式处理： （一）对本条例第十五条规定的信访事项，应当告知信访人分别向有关的人民代表大会及其常务委员会、人民法院、人民检察院提出。对已经或者依法应当通过诉讼、仲裁、行政复议等法定途径解决的，不予受理，但应当告知信访人依照有关法律、行政法规规定程序向有关机关提出。 （二）对依照法定职责属于本级人民政府或者其工作部门处理决定的信访事项，应当转送有权处理的行政机关；情况重大、紧急的，应当及时提出建议，报请本级人民政府决定。 （三）信访事项涉及下级行政机关或者其工作人员的，按照“属地管理、分级负责，谁主管、谁负责”的原则，直接转送有权处理的行政机关，并抄送下一级人民政府信访工作机构。 县级以上人民政府信访工作机构要定期向下一级人民政府信访工作机构通报转送情况，下级人民政府信访工作机构要定期向上一级人民政府信访工作机构报告转送信访事项的办理情况。 （四）对转送信访事项中的重要情况需要反馈办理结果的，可以直接交由有权处理的行政机关办理，要求其在指定办理期限内反馈结果，提交办结报告。 按照前款第（二）项至第（四）项规定，有关行政机关应当自收到转送、交办的信访事项之日起 15 日内决定是否受理并书面告知信访人，并按要求通报信访工作机构。

1.3.6 信访机关不独立：案结事不了的终结

<table>
<tr><td>问题与现象图片</td><td> </td></tr>
<tr><td>原因分析</td><td>1. 信访终结制已经给信访人的信访权利画上句号，但这种终结制显然不符合《宪法》第三十三条“国家尊重和保障人权”的规定以及《宪法》第四十一条“中华人民共和国公民有提出批评和建议的权利；有向有关国家机关提出申诉、控告或者检举的权利，有关国家机关必须查清事实，负责处理”的规定。
2. 把司法程序作为最终的解决机制是以成熟的法治为前提的。我国正在建设法治国家的过程中，不能想当然地认为凡是司法机关处理过的案件都是公正的。实际上涉法涉诉信访占信访总量相当大的比例。
没有认识到法治体系的动态性，法律体系只要是人设计的，就具有不完全性和可错性。法律制度的设计必须是一个不断进步的过程。</td></tr>
<tr><td>《信访条例》依据</td><td>第二十一条　县级以上人民政府信访工作机构收到信访事项，应当予以登记，并区分情况，在15日内分别按下列方式处理：
（一）对本条例第十五条规定的信访事项，应当告知信访人分别向有关的人民代表大会及其常务委员会、人民法院、人民检察院提出。对已经或者依法应当通过诉讼、仲裁、行政复议等法定途径解决的，不予受理，但应当告知信访人依照有关法律、行政法规规定程序向有关机关提出。
第三十五条　信访人对复查意见不服的，可以自收到书面答复之日起30日内向复查机关的上一级行政机关请求复核。收到复核请求的行政机关应当自收到复核请求之日起30日内提出复核意见。
复核机关可以按照本条例第三十一条第二款的规定举行听证，经过听证的复核意见可以依法向社会公示。听证所需时间不计算在前款规定的期限内。
信访人对复核意见不服，仍然以同一事实和理由提出投诉请求的，各级人民政府信访工作机构和其他行政机关不再受理。</td></tr>
</table>

1.3.7 与宪法相背离的设计：访民变刁民

问题与现象图片	
原因分析	1．信访人缺乏权利保障机制，使信访过程充满风险。 2．被信访人与信访人地位不平等，被信访人常滥用自己的权力，威胁、恐吓、陷害信访人。
《信访条例》依据	第二十一条　县级以上人民政府信访工作机构收到信访事项，应当予以登记，并区分情况，在 15 日内分别按下列方式处理： （一）对本条例第十五条规定的信访事项，应当告知信访人分别向有关的人民代表大会及其常务委员会、人民法院、人民检察院提出。对已经或者依法应当通过诉讼、仲裁、行政复议等法定途径解决的，不予受理，但应当告知信访人依照有关法律、行政法规规定程序向有关机关提出。 （二）对依照法定职责属于本级人民政府或者其工作部门处理决定的信访事项，应当转送有权处理的行政机关；情况重大、紧急的，应当及时提出建议，报请本级人民政府决定。 （三）信访事项涉及下级行政机关或者其工作人员的，按照“属地管理、分级负责，谁主管、谁负责”的原则，直接转送有权处理的行政机关，并抄送下一级人民政府信访工作机构。 县级以上人民政府信访工作机构要定期向下一级人民政府信访工作机构通报转送情况，下级人民政府信访工作机构要定期向上一级人民政府信访工作机构报告转送信访事项的办理情况。 （四）对转送信访事项中的重要情况需要反馈办理结果的，可以直接交由有权处理的行政机关办理，要求其在指定办理期限内反馈结果，提交办结报告。 按照前款第（二）项至第（四）项规定，有关行政机关应当自收到转送、交办的信访事项之日起 15 日内决定是否受理并书面告知信访人，并按要求通报信访工作机构。

第 2 编：原理与理论研究

人非圣贤，谁能无过。人都如此，更何况人所设计的制度、所施行的法律？信访工作的法律定位就在于改正制度设计者、公权力机关以及公务员的错误，确保国家制度体系的完好，建立公权力机关的权威，稳定国家的整体秩序。

通过前文对信访制度的历史性追溯，发现了信访之所以兴盛的原因和其存在的合理性。特别是改革开放以来，由于我们采用了“摸着石头过河”的经验主义路径，因而难免在制度设计、法律执行及司法裁判方面出现种种问题，而信访制度则也给种种问题提供了解决渠道，从而为整体制度的转型提供“腾挪”的空间。本编的目的在于挖掘信访制度之所以兴盛的内在原因，阐述信访制度的基本原理，揭示信访制度的定性、定位、理念及模式。

2.1 建立信访制度的基本原理研究

列宁曾经指出：“没有革命的理论，就没有革命的行动。”同样道理，没有信访的理论，就没有信访的实践。而要揭示信访制度的理论渊源，就必须对信访制度的不同层位进行剖析：第一，信访制度的设计理念往往由一些基本原则构成，在这些原则的支撑下，信访制度才能得以呈现。忽略这些原则，常常会使设计出来的制度不能彰显法治理念。第二，这些设计原则之下是法治的基本原理，这些原理构成法治的基本规律，符合这些规律，设计出来的制度就具有科学性，否则往往出现各种缺失和混乱。第三，这些原理亦是建立在一定逻辑前提之上的，这些逻辑前提又是所有制度建构的出发点。如果不顾这些基本的前提，往往会造成南辕北辙、走向深渊的后果。这三个层次的理论渊源，对于信访制度来说，一个比一个关键，也一个比一个重要。

2.1.1 信访基本原理的逻辑前提

（一）建立信访制度的基本前提

建立任何一套规则秩序，必须要考虑这样的秩序所适用的对象，因此，对象的基本状态就应当以最为一般对象的情况来设定，这也就是最低门槛原则。如果这个门槛太高的话，就会使很多人被拦在门外。而对于法律来说，其最基本的价值是公义。过高的门槛最直接的后果就是造成法律面前不平等的局面，这无疑是对法律基本价值的破坏。笔者认为应当以一种更为“真实”、更为“一般”的状态来设计“法律人”，笔者认为将法律人设定为“无知、无德、非理性”比较合理。在这样的前提下设计法律，那么即使是最没有知识、最没有德性、最没有理性的人也就不能主张自己可以置身于其外，因而法律获得了最大范围的适用对象。

同时，这样设定的目的也在于使法律更加简易适用、更加严谨、富有效率，提高人们运用法律的能力。

1. 前提一："法律人"以无知为特征

由于现代社会信息和知识的丰富性，造成个人信息的有限性，面对大量的、专业性很强的法律，一个正常的理性人亦需要长期的实践才能习得某些法律技巧，因此，将"法律人"设定为一种知识中间状态的人是不切合实际的。通常而言，造成无知的原因多种多样，既有行为主体主观方面的原因，也有外界客观方面的原因。尽管哈氏所讲的"无知"含义相当繁复，经过邓正来的梳理归纳，概括出哈氏"无知性质"的两分观。一是可以克服的无知，即"一般的无知"；二是无从克服只能应对的无知，即"必然无知"。[①] 在有人类文明的历史以来，人们一直向着有知方面发展，但在茫茫宇宙和芸芸众生之中，人类的智识毕竟不能透视所有的真理。相对于有知而言，无知更为普遍，而且无知更有代表性；对于制度设计而言，有知的设定不如无知的设定更有利于提高制度的有效性和安全性。

2. 前提二："法律人"以无德为特征

笔者认为所谓的无德，不是没有道德或者缺少道德的意思，而是不对"法律人"作善恶的设定，是一种在道德上的"非善非恶"的状态。因为一则，人性的善恶主要是一种价值的判断，在没有具体情境的前提下，在没有可供选择的具体的标准下，抽象而笼统地谈论人性的善恶是没有方法论的意义的。二则，如果选择善是人的本性，很可能将人性的恶在制度设计时不予考虑，相反，而如果将恶作为制度设计的出发点，很可能将"并不自私自利、老谋深算、机智灵活的肠柔心软、愚拙憨脑、慵懒随意的人"当作了制度的防范对象，犯了手段偏离目标的错误。总之，只要落入善恶的判断，就只能得到一半的真理，这种选择和设定的局限性是制度设计的一个重要的误区。因此，笔者认为明智的办法是不作选择，而将这一问题暂时悬置。

3. 前提三："法律人"以非理性为特征

人们认知的路径是想借由法律而达致理性境地，而不是因为已经有了理性，又去寻求法律的支持。不论是从发生学的角度，还是从现实生活来看，非理性远远高于理性。从后现代哲学的研究成果来看，非理性并非一种完全的消极因素，而是一种积极的动力，爱因斯坦曾说："我相信直觉和灵感，想象力比知识更重

①邓正来：《规则·秩序·无知——关于哈耶克自由主义的研究》，生活·读书·新知三联书店2004年版，第157页。

要，因为知识是有限的，而想象力则涵盖世界上的一切，推动进步，而且是知识进化的源泉。”

当代公共行政愈来愈重视直觉感性等非理性因素的重要性，如有学者这样描述人类生活中的非理性价值，他说：“人的各种非理性因素相互联系、相互作用，形成一个完整的系统；非理性系统与各种理性因素相互作用，贯穿于人的认识和实践活动中，共同编织着人类历史。”①许多研究显示，很多人在生活中相当重视直觉，他们并非以理性的方式摸索复杂问题。相对于理性来讲，非理性提示了人们认知的方式和感受的经验，这是生活中的常态，法律要想成功地支配人们的生活，首先要考虑的就是人们的现实感受。

值得特别说明的是，将“法律人”设定为无知、无德且非理性的状态，并不是对于人性的刻意贬低，相反，笔者将“法律人”设定在人类道德、理性和知识水平的最低点或最初点，恰恰是出于对人性真实状态的体查及对弱者不幸生活的关怀：一方面，是由于这种设定更接近生活中的常人，而不是完人，法律的成功之处就在于获得最大多数人的认同，不能让人们有吃力和陌生之感，质言之，法律必须“笼络”住它的臣民；同时，从更深一层的角度来看，无知、无德且非理性的人们往往是生活中的贫困者和无助者，设计出来的制度更体贴他们的生活，获得他们的认同和参与，就可以从更为深远的意义上推进法治的整体进程。

2.1.2 信访基本原理的重大意义

从前面的典型现象来看，在当前由《信访条例》及地方信访条例所组成的信访法律体系下，我国信访制度显然存在一定的问题，而其中大部分问题是由于在立法当中缺乏对基本原理的运用而造成的。所以，可以推测，如果我们不从基本原理的层面进行反思，就不能找到问题之所在，更不能发现问题的根源。同样，如果我们不从基本原理的层面进行建构，就不能解决信访中的实质问题。

如果把根基建立在磐石上，建筑物自然坚固稳妥，而如果是建立在沙子上，一遇狂风暴雨，立即就会墙倒屋塌。由此，“工欲善其事必先利其器”“磨刀不误砍柴工”。花一些时间把基本原理搞清楚，再进行制度设计是十分必要的。就如同美国在起草美国宪法、联合国在起草联合国章程的时候，必须要把政权的设计原理、组织形式搞清楚一样，这些原理是信访制度建立的基础，也是信访制度

①王勤：《非理性的价值及其引导》，中共中央党校出版社2001年版，第88页。

是否科学、有效的关键。因此，这一关键环节是不能省略的。

2.1.3 信访制度的基本原理

原理一：法治是价值、规范和事实的动态统一体

法是存在于价值、规范和事实三个不同界域中的统一体。在这三种界域当中，法律分别以价值形态、规范形态和事实形态存在。法的这三种形态既有明显区别、彼此独立，又互相连接并互相转化。价值的本质是一种主观追求，是应然的彼岸，是人们对于未来生活状态的一种期待；因此，价值形态的法一般以理念的形式存在于人们的意识当中。规范的本质是对于应然的宣示和对实然的调整，是一套指令系统；规范形态的法常以文字和文本的方式存在于现实当中。而事实则是与应然相对应的实然状态，是人们基于规范的约束而形成的与理想有所关联的事实，以人们的各种行为方式体现出来的事实实际上是法律所调整的事实。价值、规范、事实，这三者的统一构成了法的动态的生命（见图 2-1）。

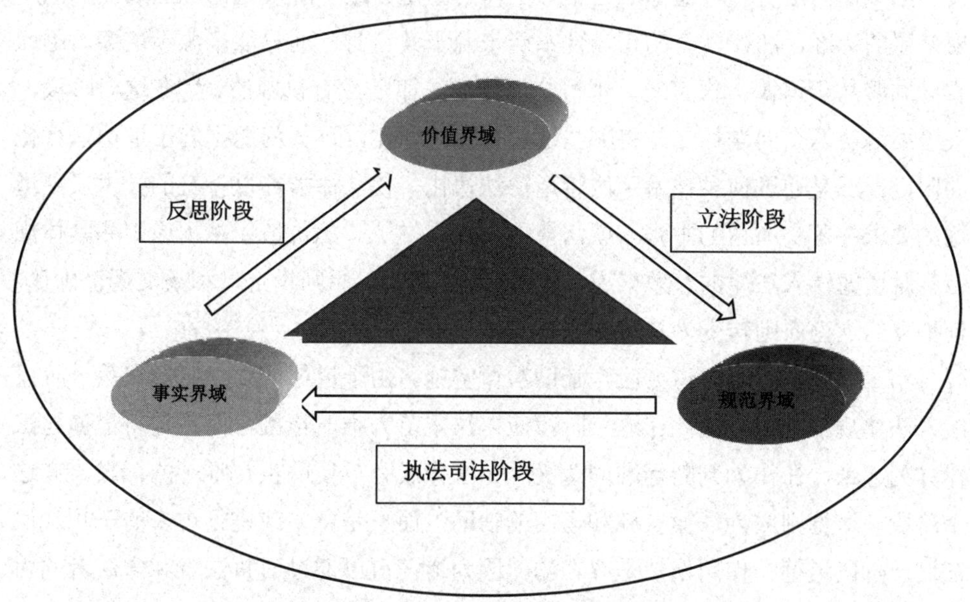

图2-1 法治是价值、规范和事实的动态统一体示意图

从这一基本原理出发，可以揭示法治的新结构与新内涵，即法治是一个包括立法、守法、执法和司法及其后的反思评价三个不同阶段及其不同内容的完整统一体。这一原理的意义在于区分法治的不同阶段，明确不同阶段的任务，进而揭

示法治的完整统一过程，使法治成为一个动态的、不断追求更高价值的整体。

对于信访制度来说，信访制度恰恰处于整个法治过程的反思阶段，这一阶段的目标在于对前面的立法、执法和司法过程进行反思，对错误的地方进行完善和修正。

按照这一原理，可以解决信访机关的定位问题，即信访应当处于法治过程的最后阶段，使其统揽整个法治环节的修正功能。理由有二：一是如果没有信访这种制度，整个体系的错误就不能得到有效的控制，一旦某个环节出现重大问题，对于整体国家体系来说将是崩溃性的后果。二是如果分散这个反思阶段，则效果上等于让原处理机关再次确认自己的错误，在逻辑上也违反了自己做自己法官的基本原理。

原理二：道德与法律辩证关系原理

道德与法律的辩证关系具有阶段性的特征，在立法阶段和立法、执法之后的反思阶段，道德规范是高于法律规范的，而在执法和司法阶段，法律规范高于道德规范。

第一，立法阶段。道德应当指导法律的制定。这一阶段道德应当成为立法所要参照的标准，法律本身的正当性不能来源于其自身，而只能来源于道德，因此它必须服从于道德。换言之，不符合道德的法律是没有权威的。[①] 在这一阶段，关键要解决两个问题：一是将哪些道德规范法律化，这一问题指向了道德法律化的限度；二是通过何种技术手段将道德法律化，使法律能够以特有的技术反映道德的要求并落实道德的主张。就法律体系而言，法律的价值、基本原则和具体规范都是道德渗入法律的有效渠道，通过价值引导[②]、原则设定[③]和条文规范确认，使抽象的道德原则转变为具体的法律操作技术。

第二，执法阶段。道德应当辅助法律实施。由于道德的要求已经在第一阶段纳入法律规范当中，因此在这一阶段应以法规范为唯一标准，而不是将道德与法律并列起来，在作为判断标准的意义上，法律成为首要的也是唯一的标准。在这个阶段，道德则成为法律实施和运用的辅助，而不是主宰或进行过多的干预。但在这一阶段道德的作用依然是存在的，因为道德可以通过对执法者和守法者的内

---

① [美]富勒：《法律的道德性》，郑戈译，商务印书馆2005年版，第213页。

② [英]彼德斯坦、约翰香德：《西方社会的法律价值》，王献平译，中国人民公安大学出版社1990年版，第38页。

③[美]迈克尔 D.贝勒斯：《法律的原则——一个规范的分析》，张文显、宋金娜、朱卫国、黄文艺译，中国大百科全书出版社1996年版，第13页。

心而起到潜在的作用。从一般规律来讲，个体道德的水平高，执法就会很顺利，反之，法律的实施就会遇到很多障碍。

第三，司法阶段。道德应当成为法律的辅助。在这一阶段道德同样是法律实施和运用的辅助，而不是主宰。由于法院是实现法治的重要机构，因此，这一阶段也应以法律至上为根本准则。道德的不明确性、不严格性应让位于法律的明确性、准确性和严格性。这一阶段道德应当保持中立，而不应当直接介入，特别是不能作为案件的判断依据，形成法外之法。但道德在这一阶段并不是无所作为，它可以通过法官、检察官的职业道德及诉讼参与人的社会公德系统发生潜在而间接的影响。

第四，立法、执法及司法之后的反思阶段。道德应当成为批判、反思、修改法律的标准。这一阶段通常为人们所忽视，但这一阶段却是至关重要的，它是整个过程的必要连接和更新机制。虽然目前有的国家已经开始了立法评估的探索，[①]但总的来讲，这一必要阶段在现有的法律体制当中，还远远没有成熟，甚至还没有明显或者特别的制度性标志。这一阶段的主要任务是对法律整个体系进行评价，并在此基础上对已有的法律进行完善。在这一阶段，对法律进行评价的标准仍然应当来自道德，合理性高于合法性。在通常意义上讲，公正、自由、平等、宽容、效率等价值是人们经常用来进行批判、检验法律制度的标准（见表 2-1）。

表2-1　道德—法律关系四阶段理论解析表

法的阶段	立法阶段	执法阶段	司法阶段	反思阶段
参与主体	立法主体与立法参与人	行政主体与行政相对人	司法主体与司法参与人	各种评判主体
阶段任务	制定法律规范	运用法律规范进行选择和判断	运用法律规范进行事实判断	修改或废除法律规范
道德与法律关系内容	以道德规范引导法律规范的制定、指导立法，以法律规范形式落实道德主张	以法律为唯一判断标准，道德通过作用于法的各种主体，配合法的实现	以法律为唯一判断标准，道德通过作用于法的各种主体，配合法的实现	以道德为标准之一，评价法律，修正法律的不公和低效之处
道德与法律之主辅关系	道德为主，法律为辅	法律为主，道德为辅	法律为主，道德为辅	道德为主，法律为辅

① 参见《德国和欧盟的立法效果评估制度》，载国务院法制办公室秘书行政司编：《政府法制参考》2005年第10期（总第183期），《美国的行政立法成本效益评估制度》，载国务院法制办公室秘书行政司编：《政府法制参考》2005第16期（总第189期）。

这一原理的意义在于，使道德与法治能够有协调的关系，以道德引导法治，使法治符合道德要求，使法治成为真正的“良法之治”。

对于信访来说，这一原理揭示了国家的伦理观念是高于国家的法治体系的客观规律，法治的建设应当以国家伦理为基本前提，否则法治难以保证其公义性，反而容易堕入恶法的深渊。这一原理对于信访制度的人性化、宽容化有着决定性的影响，使信访人透过信访制度体会到国家制度的温暖及社会力量的宽容，这对提高人民对国家的信任程度，对社会的认可程度都有着不可估量的作用。

原理三：国家与公民之间的关系首先是道德关系

国家与公民都是道德主体，都有各自的道德诉求。国家与公民之间的关系首先是道德关系，其次才是法律关系，法律关系仅仅是道德关系的载体。

国家与公民之间是彼此信任、彼此关爱、彼此支持的关系。如果公民与国家不能互相信任，就会彼此质疑，进而彼此对立，国家当然会缺少公信力。如果公民与国家不能互相关爱，就会彼此仇恨，进而就是彼此争夺，国家就是老百姓的对头，就会与民争利。如果公民与国家不能互相支持，就会彼此挑剔苛求，进而就是彼此毁坏，最终结果就是国家和个人都受到伤害（见图 2-2）。

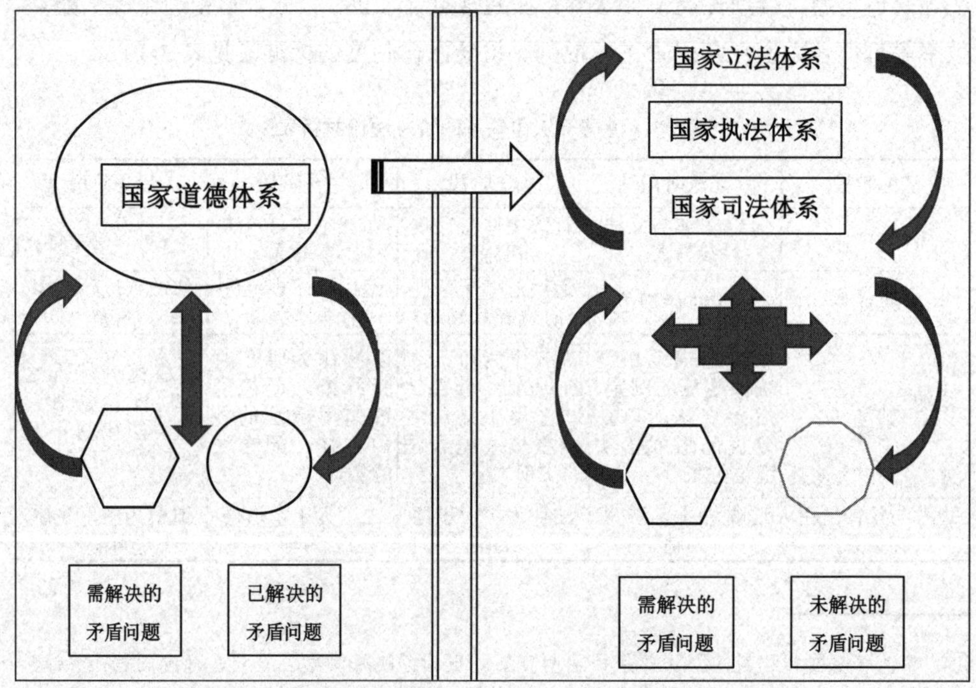

图2-2　国家与公民之间的关系首先是道德关系原理示意图

这一原理对于信访制度的设计十分重要，因为信访制度是处理十分敏感的国家与公民关系的机制。在信访制度当中，将公民对国家机关及其工作人员的批评、质疑、误解、仇恨、申告这些负面情绪接纳、宽容、处理、转化，成为积极的正能量，需要精心的设计和安排。通过信访制度各个环节的设计，满足国家与公民的双重道德诉求。

原理四：实体与程序、权利与权力辩证关系原理

实体与程序、权利与权力之间的关系常常交织在一起。从法治的整体过程来看，公民的每一项公法权利的实现过程，都需要经历一个动态的过程。

第一，公民在公法上的实体权利的实现需要公权力的介入，公民首先必须以程序性权利作为最终获得实体权利的开端。

第二，程序性权利是公民实体权利向公权力提出介入性请求的起点，在这个关节点上，公民的程序性权利与国家的程序性权力发生对接。

第三，实体性公权力介入公民的实体性权利，或给予、或剥夺。公权力的实体裁判是实体性权力实现的主要方式。

第四，公民通过对实体性权力的接受来得到其实体性权利（见图 2-3）。

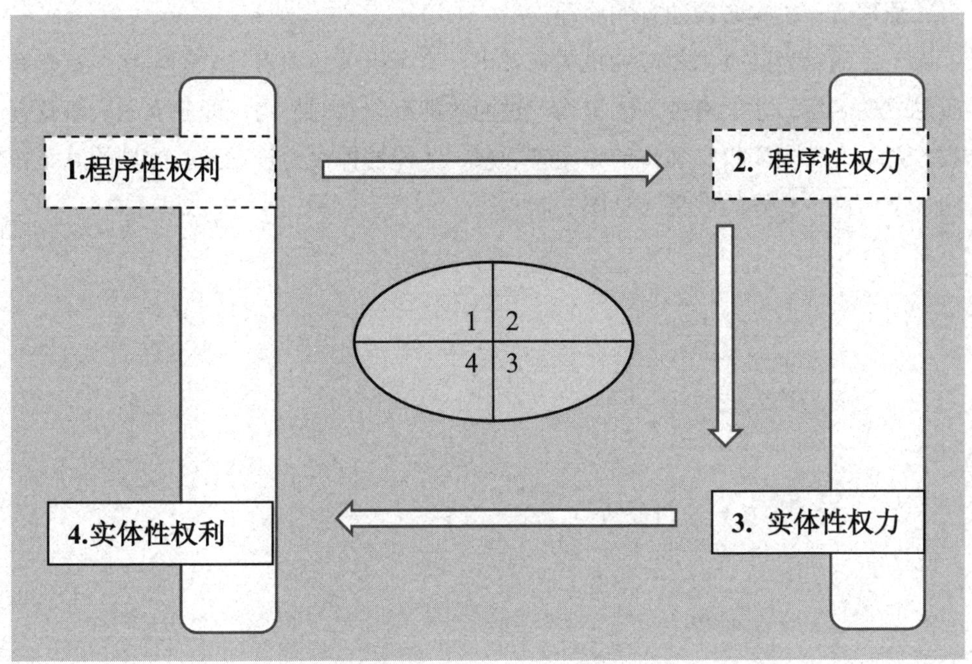

图2-3　实体与程序、权利与权力的辩证关系原理示意图

在我国的司法实践中，常常出现的问题是：程序权利和实体权利区分不开，程序权力与实体权力区分不开。这种认知的错误导致出现诸多问题，如缺少程序规则。我国目前也没有一部独立、完整行政程序法，其原因就在于这个原理搞不明白，不明白这个原理的结果就是重实体、轻程序，最终就会导致程序不正义，而只要是程序不正义就不会有实体正义，其最终结果就是公民的实体权利被侵害，如北京大学刘燕文的案例，[①]北大的物理学专业教授评阅后的博士论文硬生生地被文学家和历史学家们枪毙，其原因就在于将实体权力与程序权力混同。文学家和史学家们没有区分自己应当行使的是程序性权力，反而行使了只能由物理学家才能行使的实体性权力，最终才造成刘燕文的历史性悲剧。由此可知，公民实体权利的实现是一个动态过程，这是一个由程序性权利而程序性权力、再通过实体性权力的裁判才最终实现的实体性权利。

这一原理的意义在于区分程序与实体，权力与权利，动态地揭示公民权利的实现过程，进而明确公权力在此过程中的服务性、辅助性责任。

从信访制度而言，区分信访中程序与实体、国家权力与公民权利之间的关系十分重要，这是建构科学信访制度的隐性前提。

原理五：机构必须独立的原理

一定的行为必须由相应的机关来做出，这个机关必须有独立的名字，只有有了独立的名字，才能有独立的机构，进而才能有独立的权力，即独立的人事管理权、财务经费支配权、独立的事项管理权，才能发挥权力管理某些领域的真正作用，从而产生良好的效果（见图 2-4）。

①胡锦光：《中国十大行政法案例评析》，法律出版社2005年版，第92～161页。

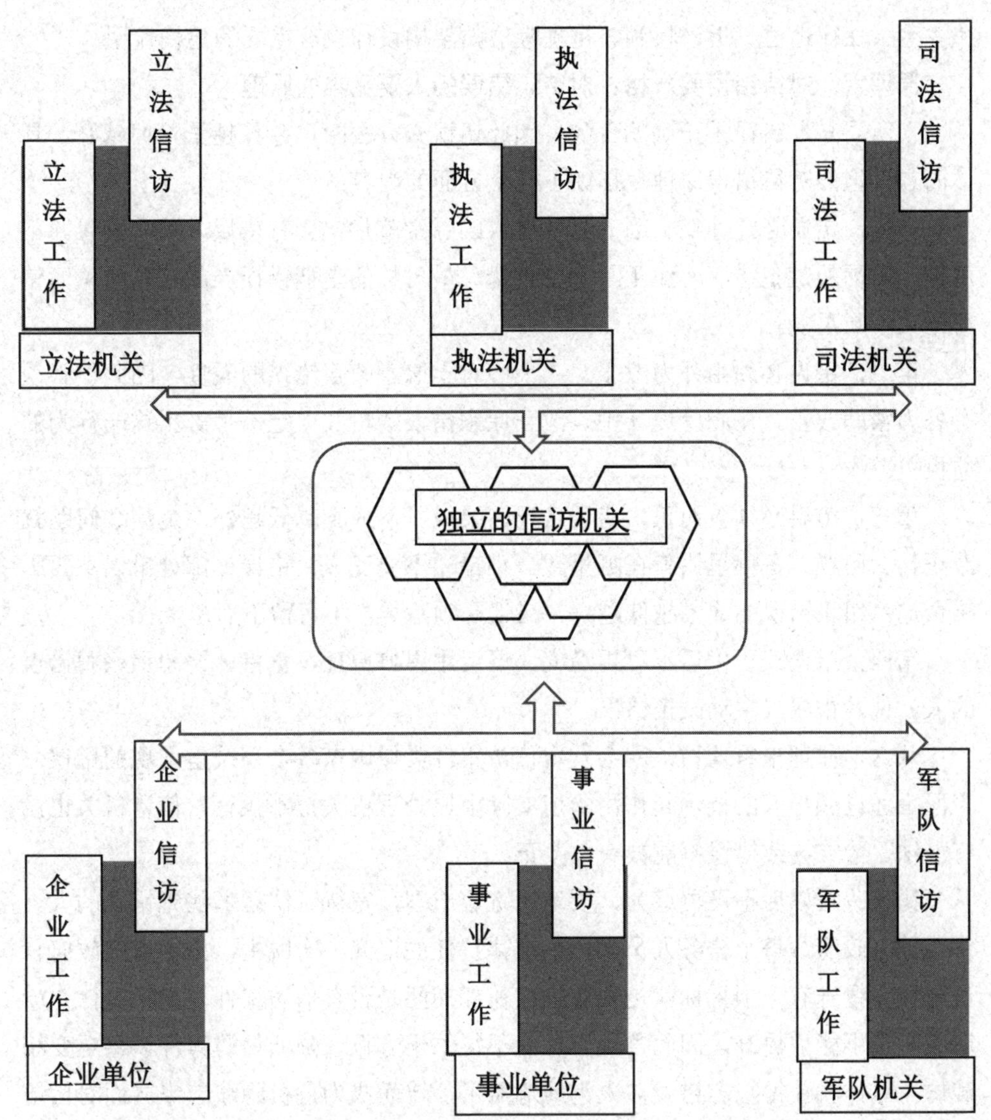

图2-4　机构必须独立的原理示意图

这一原理对于信访委员会的设计具有重要建构作用。目前的信访体制机构分散于人大、政府和法院，且只是人大、政府和法院的内部机构，这三个系统内的信访机构彼此封闭，没有独立的权力，发挥的作用也极为有限，特别是信访机关，面对的是各权力机关的错误，如果不独立，很可能被错误卷进去，也就不能改正错误。而独立的机关，由于与犯错误的机关没有直接的关联，人事上、组织上都彼此独立，才有勇气抗衡和审判。同时这一原理对于信访人和被信访人之间的法律关系、法律地位、诉讼权利、审理裁决的架构设计也有重要的建构作用。

原理六：对待错误要严格、对待犯错误的人要宽容的原理

众所周知，错误是正确的仇敌，因此错误必须去除，并且越早除掉越好。具体而言，坦然对待错误原理包括如下几个方面的内容：

第一，错误必定存在。因为只要有人的因素就肯定会有错误，但有错误并不可怕，可怕的是犯错而不纠正，一错再错，最可怕的是把错误当成正确的从而使得错误不断重复。

第二，错误必须由外力改正。人性中有不愿意改正错误的天性。因此，必须有外力帮助改正。在制度设计中，改正原来错误的机关一定不是做出这一行为的原机关。

第三，错误必须被纠正。错误改正需要成本，成本越低越好，是什么问题就改正什么问题，在哪里错就在哪里改。小错误不要变成大错误、部分错误不要影响全局。纠正错误的成本越低越好。错误必须除尽，不可留下后患。

第四，错误改正以后不可再追究，要运用恩典原理，宽待、饶恕那些犯错误的人，使其积极、主动改正错误。①

从这一原理来看信访，就会发现信访案件类似国家各个系统里出现的错误，表面上通过领导人的批示起作用，但实际上原处理机关拒不执行，信访机关也没有办法，最终导致错误不能被有效改正。

错误改正以后不可再追究，要运用宽容原理，宽待、饶恕那些犯错误的人。每级地方政府、每个公务人员都惧怕法律责任的追究。实践中，由于我国政府官员考核、晋升有一项指标就是要看官员在任期间是否有信访案件，如果有信访就造成官员不能被提升，因此各级官员就不得不千方百计降低信访案件，甚至变相截访。这样就使得很多错误被人为地遮盖了，转而成为危机隐藏起来。而对信访人来说，不但原来的问题得不到解决，自己反而成为被防范、被报复和捉拿的对象，使原来的错误更加复杂化，这样的做法极易激起信访人对制度的仇恨和不满。因此，我们不能简单粗暴地将偶然犯错的政府公务人员一票否决、一脚踢开，这

①法律中的大赦、赦免制度是一种以宽容为基础的制度设计，其含义为对犯罪的罪犯不予追究刑事责任。《中华人民共和国宪法》第六十七条“全国人民代表大会常务委员会行使职权的第十八项，决定特赦”；第八十条“中华人民共和国主席根据全国人民代表大会的决定和全国人民代表大会常务委员会的决定，公布法律，任免国务院总理、副总理、国务委员、各部部长、各委员会主任、审计长、秘书长，授予国家的勋章和荣誉称号，发布特赦令，宣布进入紧急状态，宣布战争状态，发布动员令。”。

样简单的考核办法会断送国家公务人员一生的前程。电影《我不是潘金莲》很真实地揭示各级官员的心态，而且很客观地描述了被李雪莲告状撤职的各级官员的命运。

如果我们换一个思路来设计信访制度，运用坦然对待错误的原理来对待被信访的公务员就会好很多：信访案件不与官员晋升挂钩，信访的目标就是纠正错误，只要以后不再犯就可以了。我们要宽待、饶恕那些犯错误的人，使其积极、主动改正错误。简单来说就是“放轻松”，信访制度“只改错不追究”，立法、执法、司法尽管大胆地去干事，信访机关只管勇敢地来改错，谁都不干涉谁，谁也不惧怕谁，谁都有自由而且很勇敢。

原理七：法治体系必须具备免疫修复机制

法治体系是一个由立法系统、执法系统和司法系统组成的一个完整的体系，三个子系统是相容、相和、相互支撑、相互独立、相互配合、相互制约的关系。为此，在这三个系统之上，还必须有一个保证一体化的机制。具体而言，这一原理包括以下两个方面的内容：

第一，这三个子系统是法制体系的组成部分，各自担负一定的职能，而且这三种职能彼此配搭、互相制衡。

第二，在这个统一的体系里面，还必须有一个修复系统，对立法、执法、司法系统中的错误能够起到修复和补充的作用，这种作用可以先在本系统内部进行，在系统内部不能纠正的再进入整体修复。就如同人体的修复系统一样，既有各个部分的防卫机能，也有整个身体的防疫机能。

对于我国的信访制度而言，其性质就相当于修复系统，这个修复系统对整个法治体系起到保障健康的作用。正是由于体系的合一才需要有一套强有力的、全面的修复机制。从这一原理出发可以看出信访制度进行全方位整改的必要性（见图 2-5）。

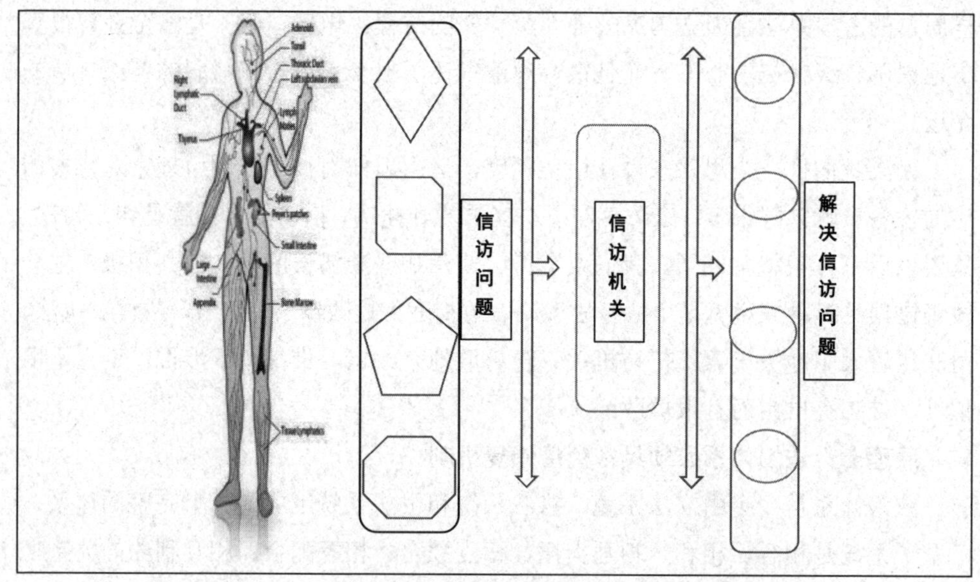

图2-5　法治体系必须具备免疫修复机制原理示意图

信访制度存在的价值在于让其他制度产生的问题能够得以解决、修复和完善。如果一个国家的制度当中缺少了这样具有免疫、修复功能的系统，那么，一旦出现问题就是致命的，如东欧剧变和颜色革命。

原理八：监督权必须大于被监督权的原理

监督权与被监督权之间的关系，在于监督权能够起到修正被监督者的错误、制衡被监督权力的作用。因此，监督权力必须大于被监督的权力（见图 2-6）。

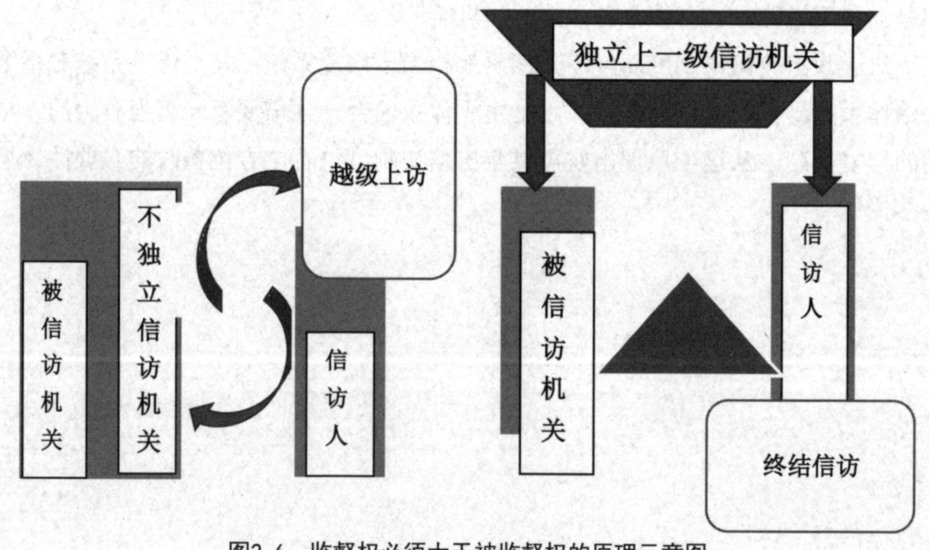

图2-6　监督权必须大于被监督权的原理示意图

从这一原理来看，信访的权力应当大于被信访机关的权力，而不能是同等或者小于被信访机关的权力。因此，在信访权力设计的时候必须设计出有级别落差的权力体系。

现在信访制度之所以不能发挥强有力的修复功能，与信访机关没有过硬的权力有一定关系，如果原作出决定的机关拒不改正，信访机关一点儿办法也没有。而信访当事人又以为信访机关有多大的权力，死不放弃，这样信访机关夹在当中很是尴尬。

原理九：国家终极责任原理（国家奖励、补偿、安慰原理）

奖励那些对国家立法、执法和司法提出有价值建议的信访人，补偿那些利益受到国家公权力损害的信访人，安慰那些遭受痛苦和处于急难的信访人，这是国家的责任，是一个国家之所以是负责任的国家的根本，这也是国家的良心，是国家体恤国民、保护国民利益的根本所在，更是治国安邦的智慧，是避免国家动荡和风险的可靠保障。

这些做法可能会花些钱，但从社会的稳定和谐角度考虑，都是值得的。单从社会效益上讲宽待、恩待信访人比投资基础设施和国防建设不知要省多少钱，效果也不知要好多少倍。

国家终极责任的原理也可能会遭到法学家的质疑，他们会认为这种做法于法无据。但从中国的特殊国情来看，很多信访人都是制度改革或者具体利益的牺牲者，他们是社会中的弱势群体，国家应当对这些付出代价的人进行一定程度的安抚和补偿。这样恩待信访人的结果就是这些受奖励、补偿和安慰的人会感恩国家、报答社会。一个建立在人民心上的国家一定是一个稳固、幸福的国家。这个恩典的原则超越严格的法律的原则，整体的正义性超越局部的“非法”性。

还有一些学者会说这不就是花钱买平安吗？这样不会惯坏那些访民吗？我们认为用有限的钱来买无价的平安是值得的，也是大有智慧的，专业化的信访人员绝不会拿着纳税人的钱去为信访人的“任性”“填坑”的。

原理十：组织法与程序法必须合一的原理

组织法可以解决两个方面的问题，一是由哪个机关来负责实施法律，二是机关的人员配备、权力分配。为解决由谁来负责实施法律的问题，就要进行主体设计，主体设计包括三个层次，一是主体的名称，二是主体的结构，三是结构外部及内部个体组织彼此之间的关系。关系用权力来调整，因此，必须赋予组织主体以一定的权力，使权力与职能相配合。

程序法可以解决两个方面的问题，一是主体机关如何运用程序权力实施法律；二是主体相对方如何运用程序权利实施法律。为解决法律的实施和执行具体方式，就必须排出顺序，包括三种顺序序列：一是优先顺序，谁排在前面，谁排在后面。二是时间顺序，什么事排在前面，什么事排在后面。三是权力顺序，哪个机关的权力大，解决谁管谁的问题。

组织法与程序法必须合一，否则这一法律制度必不完整，不能发挥效力（见图 2-7）。

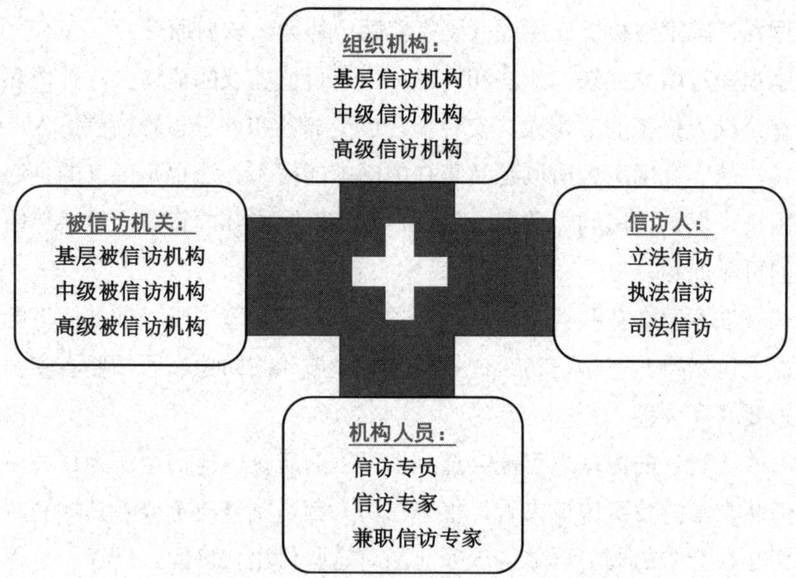

图2-7　组织法与程序法必须合一的原理示意图

信访立法必须同时解决信访组织法和信访程序法相合一的问题，如果只有信访组织法而没有信访程序法，信访机关就不能有效处理信访案件；而如果只有信访程序法而没有信访组织法，信访机关就没有权力处理信访案件，或者没有能力处理信访案件。

信访法的组织机构、组织权力、组织程序必须是互相连接、互相配合、彼此协调的。

2.1.4　基本原理在信访立法中的运用效果对比研究

如果将上述基本原理与信访制度的设计对照分析，就会发现违反基本原理的制度设计会产生诸多的问题，而符合上述基本原理的制度设计则不存在类似问题，具体如表 2-2 所示。

表2-2 基本原理在信访立法中的运用效果对比表

违反基本原理的制度模式	基本原理	符合基本原理的制度模式
信访机关之间不统一、不协调，信访机关与立法、执法、司法机关之间存在冲突、不和谐、不合作现象	原理一：法治是价值、规范和事实的动态统一体	信访机关之间统一、协调，信访机关与立法、执法、司法机关之间不存在冲突、不和谐、不合作现象
信访规范忽视法律的道德根基，法律规范显得冷酷无情。强调法治秩序，忽略信访人的道德诉求	原理二：道德与法律辩证关系原理	信访规范重视法律的道德根基，法律规范温暖人心。虽然强调法治秩序，但将法治秩序作为满足信访人的道德诉求的自然结果
信访规范使国家与公民之间互相批评、质疑、误解、对立，二者之间的关系容易形成负面关系	原理三：国家与公民之间的关系首先是道德关系	信访规范使国家与公民之间互相接纳、宽容、彼此信任、关爱，将负面关系处理、转化，成为积极的正面关系
信访人的实体权力（权利）与程序权力（权利）之间衔接不顺畅。信访人实体权利常常因为其程序权利保障不足而无法实现	原理四：实体与程序、权利与权力辩证关系原理	信访人的实体权力（权利）与程序权力（权利）之间衔接顺畅。信访人实体权利通过其程序权利而能够充分实现
信访机关是国家机关内部的、类似秘书办公室的机构，不具有独立的功能	原理五：机构必须独立的原理	信访机关是独立的、具有纠错、修复、反思功能的国家机关
信访机关严肃对待被信访的机关和有关的责任人员，直接影响绩效考核和职位晋升	原理六：对待错误要严格、对待犯错误的人要宽容的原理	信访机关会关注被信访的机关和有关责任人员，对其进行行为进行修正、帮助，不影响绩效考核和职位晋升
僵化设定整个国家机关所有错误都可以自己纠正。 以司法机关的裁定作为实现正义的最后保障。 涉法涉诉信访终结制	原理七：法治体系必须具备免疫修复机制	以法治机体的健康运转为目标，及时修正体系错误。 不以司法机关的裁定作为实现正义的最后保障。 涉法涉诉信访不终结制
信访机关的权力低于原处理机关的权力	原理八：监督权必须大于被监督权的原理	信访机关的权力高于原处理机关的权力
法律没有规定国家有责任的，国家坚决不承担无依据的法律责任，任由危险事态发展	原理九：国家终极责任原理（国家奖励、补偿、安慰原理）	即使法律没有规定国家有责任的，国家也承担兜底责任和补充责任，及时处理危险事态
信访法只规定信访机关的内部工作程序，不明确信访机关的地位、属性、职能、人员任期	原理十：组织法与程序法必须合一的原理	信访法不但规定信访机关的内部工作程序，更明确信访机关的地位、属性、职能、人员任期

2.2 信访制度的法律定性问题研究

世界上的万事万物都有许多的性质，如形状、颜色、气味等。一个事物除了有许多性质外，还与其他事物存在各种关系。在形式逻辑中把事物的性质和关系统称为事物的属性。一般来说，事物会有多方面属性，在事物的诸多属性中，有些属性是某个或某类事物所特有的，这些属性决定该事物的本质，使某一事物成为它自己本身，并把这种事物与其他事物区别开来，这种属性就是这些事物的本质属性，也就是这些事物的本质规定性。一般而言，法律定性是指从法律的角度探索法律领域里某事物的本质属性。定性问题既是认识法律事物的重要方法，也是确立法律制度首先要面对的问题，因为只有回答了一个事物的定性问题之后才能决定是否立法以及如何立法，然后才谈得上事物的功能与范围及实施的途径与效果。因此，这个问题是研究认识和建构信访法律制度的基础和前提。

2.2.1 信访定性问题及其关涉

目前我国对信访的定性研究存在很多问题。从宏观来看，信访的定性问题是一个长久被忽视的问题，截至 2020 年 6 月，在全国期刊网上以“信访”为篇名搜索，找到论文多达 9398 篇。在这些学术论文当中，以信访立法、功能、作用、结果等现象层面的问题为研究对象的论文比比皆是，而以信访的定性研究为题目的论文却少而又少，几乎不到 10 篇（这 30 篇论文中亦少有直接研究信访定性）。而实务界同样缺少对信访的定性研究。[①] 同时，信访的定性问题多是需要从制度宏观视角才能把握的问题，而能够掌握各行各业信访本质的学者亦是少之又少。最为重要的是，信访与其他制度的差异本应使信访制度受到高度重视，然而颇让人诧异的是，学者们往往对这些差异“视而不见”或者“见而不思”。总之，理论研究的缺位与实践研究的忽视，最终导致信访在实践中被看作一个机关的内部非独立的、附属的、临时的机构。由此一来，既然是内部的，何谈性质？既然是附属的，何谈地位？临时机构，就更不必多加关注了！于是，信访的定性问题就在这样的思维逻辑下被长久地遮蔽了。具体而言，在信访的定性问题上存在着以下四个方面的问题：

---

①薄钢：《信访学概论》，中国民主法制出版社2012年出版，此教材为我国首次出版的信访与社会矛盾冲突管理研究生教材，但遗憾的是在这一套教材当中也没有信访的定性研究。

首先，法律属性决定了信访到底“是什么”，而一个事物之所以是该事物的依据，就在于它“是什么”。因此，只有厘清信访“是什么”，才能对信访制度进行科学定位，而定位不清或者不确，就很难正确认识和把握信访制度，从而在信访工作实践中产生错位现象。

其次，信访的定性问题，决定了信访制度在国家制度体系中的地位，进而确定信访制度的功能和范围。一般来说，只有科学把握和确定信访“是什么”才能明确信访应该“位于何处”，最终决定信访“能够做什么”和“能够管什么”。

再次，信访的功能和范围问题，进一步决定了信访人的权利和信访机关的权力。一般来说，信访双方的力量对比是通过立法来解决的，亦即用法律法规来规范双方的权利义务和博弈规则。

最后，信访人的权利和信访机关的权力以及程序规则，决定信访的现实效力。在现实生活中，信访的效力具体体现为具体信访案件的结果。由此可见，一个信访案件的结果与前面几个层面的问题有着递进式的因果关系。因此，在我们看到信访效果不好的时候，不仅需要关注信访效果的好坏、信访双方的权利义务、信访的程序，还要关注信访的功能与范围设定是否科学，更要深入研究和明确信访的定性。简言之，要想解决信访的效果问题，必须对信访的根本问题进行追根究底、抽丝剥茧式的研究，而信访的定性问题恰是解决所有这些问题的深层基础。

2.2.2 信访制度的法律定性探索

信访的法律定性之于信访，类似于人的属性之于人的存在一样。信访制度的法律定性问题既是一个十分抽象的问题，同时又是一个非常具体的问题。信访制度定性问题的抽象性体现为信访的整体制度均与定性问题有直接或间接的关系，信访的属性既体现于制度之中又超乎于制度之外，虽无法显现，但却时时存在。而具体性则体现为每一个信访案件都折射出信访的定性问题，每一个具体的案件都可以视为信访属性的具体彰显。

（一）信访是彰显“国家之爱”的法定机制

我国《宪法》规定，“中华人民共和国是工人阶级领导的、以工农联盟为基础的人民民主专政的社会主义国家。”[①]“中华人民共和国的一切权力属于人

①《中华人民共和国宪法》（1982）第一章第一条。

民。”[①] 这两条规定清楚表明，在我国，人民是构成国家的基础，也是国家成立的目的。因此，国家生活的各个方面都围绕人民的利益和要求进行，文化事业要为人民服务，[②] 武装力量要为人民服务，[③] 一切国家机关的工作人员要为人民服务，[④] 人民代表更要为人民服务。[⑤] 可见，为人民服务是国家建立和运行的终极价值和目的。因此，通过国家机关和国家机关工作人员为人民服务，彰显的是国家对人民的关爱。[⑥]

在道德层面，爱人民，已经成为我国传统“爱德”之中的重要内容。“国家提倡爱祖国、爱人民、爱劳动、爱科学、爱社会主义的公德。”爱是国家与人民形成和谐关系的基础，国家与人民之间的各项治理关系、纳税关系等均是以爱为其内在基础。没有爱，国家就会是一套生硬的国家机器，一套架在人民身上的枷锁，迟早引发政治冲突，甚至造成人民的抗争。如果有了爱，国家的治理就仅仅具有工具价值，并且会成为彰显国家属性的通道，而人民就会成为国家之爱的受惠者。在现实生活中，国家将对人民的爱转化为各项具体的制度，如政治制度、经济制度、文化制度及社会制度。通过转化，使人民享有各项权利，实现自身的发展，享有美好生活。

信访制度是我国国家政治制度的组成部分，必然要以国家的目的为目的，以国家的属性为属性，以国家的意志为追求。因而，通过信访制度所彰显的主题，

---

①《中华人民共和国宪法》第一章第二条。

②《宪法》第二十二条规定：国家发展为人民服务、为社会主义服务的文学艺术事业、新闻广播电视事业、出版发行事业、图书馆博物馆文化馆和其他文化事业，开展群众性的文化活动。

③《宪法》第二十九条规定：中华人民共和国的武装力量属于人民。它的任务是巩固国防，抵抗侵略，保卫祖国，保卫人民的和平劳动，参加国家建设事业，努力为人民服务。

④《宪法》第二十七条规定：一切国家机关实行精简的原则，实行工作责任制，实行工作人员的培训和考核制度，不断提高工作质量和工作效率，反对官僚主义。一切国家机关和国家工作人员必须依靠人民的支持，经常保持同人民的密切联系，倾听人民的意见和建议，接受人民的监督，努力为人民服务。

⑤《宪法》七十六条规定：全国人民代表大会代表必须模范地遵守宪法和法律，保守国家秘密，并且在自己参加的生产、工作和社会活动中，协助宪法和法律的实施。全国人民代表大会代表应当同原选举单位和人民保持密切的联系，听取和反映人民的意见和要求，努力为人民服务。

⑥《宪法》第二十四条规定：国家提倡爱祖国、爱人民、爱劳动、爱科学、爱社会主义的公德，在人民中进行爱国主义、集体主义和国际主义、共产主义的教育，进行辩证唯物主义和历史唯物主义的教育，反对资本主义的、封建主义的和其他的腐朽思想。

本质上就是国家之爱。然而，信访毕竟是我国国家总体政治制度的一个特殊组成部分，这个特殊部分所体现的，既是国家奉行人民根本至上的公共之爱，又是信访制度和工作特别具有的国家之爱。信访所体现的国家之爱，凝聚着国家对于人民的体贴、谦卑、救济、公善以及纠错的本质属性和优秀品格。实际上，国家之所以设立信访制度及其机构，根本宗旨在于让人民群众反映民情，表达民意，诉说民愿，而当公民的利益受到损害时，可以随时用低廉的成本进行权利救济，不需要行政复议、行政诉讼，可以得到免费和高效的解决。与此同时，对于政府制定和实施的各项政策、政府工作人员实施监督，以经常性按照人民的意志和要求来调整甚至纠正政策性缺陷和政府工作人员的错失。

（二）信访是承载“人民之信”的法定机制

通常情况下，人们往往将信访之“信”理解为信件、信函的意思。然而，就其本质而言，信访之“信”实际上同时包含着“信任”“信赖”之信。当公民用信件来反映自己的意见和建议时，其内心深处的驱动力是对于党和政府的信任和信靠。换言之，当执政党和国家将其对人民的爱付诸实践时，人民回馈国家的是对于国家体制的“信任”。因此，信访之“信”至少有三层含义：

第一层是信件、信函的意思，也就是形式意义上的信，是公民反映民意、陈其苦情所使用的一种载体。

第二层是相信的意思，是当国家尚未满足公民诉求时，公民相信国家未来一定能够实现公义的期待。[①]这种“信”对于那些目前还没有经济实力、还没有实现充分分配正义的国家来说，是十分宝贵的政治资源、社会资本和无形资产。试想，如果人民不相信国家的未来，就会质疑甚至消极应付国家的各项方针政策措施，使其不能有效实施。

第三层意义是信靠，指的是人民解决问题的希望还是在国家机关，信访人内心求助的还是国家的力量，是希望依靠国家的公共权力来解决问题、实现诉求、求得公平正义。换言之，如果公民对国家没有这个“信靠”的想法，轻则会自己动手解决问题，自创规则、自我实现、自我主张，从而导致社会和政治无序，重则会发生政治动荡、政治冲突乃至战争等。实际上，不论出现哪种状态，都是对国家和人民的严重损害，都会导致社会政治秩序的混乱和动荡。中国历朝历代在发展过程中之所以形成王朝轮回规律，正是这种“水可载舟亦可覆舟”政治本质

①《圣经》希伯来书第十一章第一节：信就是所望之事的实底，是未见之事的确据。

的作用和体现。由此可见，这种因信赖而产生的信靠也是极为宝贵的。

我国的信访制度，集中承载着人民对国家的相信和信靠情结。人民群众之所以信访，用来信、来访的方式表达他们的诉求，其原因就在于他们相信国家会为他们实现公义；公民之所以越级信访，同样也是相信上级政府会更加公正。在公民信访行为的背后，恰恰是公民内心存有的对于国家的尊重、信任和期待。可见，信访活动一方面反映了行政相对人对政府行为的尊重、服从、信任；另一方面确认了行政主体的地位、权利和统治顺序。而只有能够担当人民之信的国家才会有政治信用和政治信誉，能够承受人民之信的政府才有政治公信力。因此，信访实际上是树立政府公信力、培育和强化公民对于国家和政府政治认同的良好机制，如果信访使行政相对人失望，几乎等于治国者自我侵蚀国家政治基础。

（三）信访是促进“和谐关系”的法定机制

在我国政治体系中，基本主体有三个，一是公民，二是政党，三是国家。因此，这三者之间的关系是国家政治关系中的基础性关系。

中共十九届四中全会《中共中央关于坚持和完善中国特色社会主义制度，促进国家治理体系和治理能力现代化若干重大问题的决定》明确指出：“健全为人民执政、靠人民执政各项制度。坚持立党为公、执政为民，保持党同人民群众的血肉联系，把尊重民意、汇集民智、凝聚民力、改善民生贯穿党治国理政全部工作之中，巩固党执政的阶级基础，厚植党执政的群众基础，通过完善制度保证人民在国家治理中的主体地位，着力防范脱离群众的危险。贯彻党的群众路线，完善党员、干部联系群众制度，创新互联网时代群众工作机制，始终做到为了群众、相信群众、依靠群众、引领群众、深入群众、深入基层。健全联系广泛、服务群众的群团工作体系，推动人民团体增强政治性、先进性、群众性，把各自联系的群众紧紧团结在党的周围。”从人民与党的关系来看，党需要倾听人民的呼声，这种倾听的渠道应当是多元的，而信访不但是多种信息来源中的一种，而且是甚为重要的一种渠道。因为信访反映的信息往往是真实和重要的，而解决信访反映的问题，恰恰是执政党保持其先进性的重要要求。信访从反映民情、体现民意、解决民困、救济民权的运行功能上，集中体现中国共产党的“三个代表”的根本性质，体现执政党“立党为公、执政为民”的执政理念，实施“利为民所谋，权为民所用，情为民所系”的执政原则，体现着中国共产党先进性的要求，正如胡锦涛总书记所指出的那样：“党的先进性历来是随着形势和任务的变化而不断丰富和发展的。时代和实践的发展，总是不断地给我们党提出新的要求，也给党的先进性赋予新的内涵。当前，保持党的先进性，就必须坚持立党为公、执政为民，不断提高领导水平和执政水平。”[①]同时，体现着中国共产党与人民群众保持血肉联系的根本宗旨和优势所在。实际上，从加强党与人民群众的联系，建设和谐社会的角度来看信访，可以认为信访所提出、反映和要求的各种社会问题、社会矛盾和权利主张，恰恰是执政党面对的民意要求和人民利益。

从党与政府的关系来看，虽然党与政府在组织机构设置上是分开的，但是，由于中国共产党是执政党，政府是执政党执掌政权，实现科学执政、民主执政和依法执政的组织机构，因而政府是党领导下的政府，必须在政治上、思想上和行动上贯彻落实执政党的意志和要求。中共十九届四中全会《中共中央关于坚持和完善中国特色社会主义制度，推进国家治理体系和治理能力现代化若干重大问题的决定》指出，“健全党的全面领导制度。完善党领导人大、政府、政协、监察机关、审判机关、检察机关、武装力量、人民团体、企事业单位、基层群众自治组织、社会组织等制度，健全各级党委（党组）工作制度，确保党在各种组织中发挥领导作用。”为此，我们应当在中国共产党贯彻落实科学发展观，切实在转变执政方式的大背景下看待信访，从党执掌政权、科学合理依法定位和调整与政府的关系的角度去定位信访的功能，如此，不但有利于执政党的建设，有利于政府的改革和完善，而且也有利于执政党与政府关系的科学合理和民主法治建设。中国共产党在 2004 年《中共中央关于加强党的执政能力建设的决定》中，将信访制度的完善和创新作为加强党的执政能力建设的重要一环，提出要“健全正确处理人民内部矛盾的工作机制，完善信访工作责任制，综合运用政策、法律、经济、行政等手段和教育、协商、调解等方法，依法及时合理地处理群众反映的问题。”[②]由此可见，信访制度的创新，实际上是党转变执政方式、加强执政能力建设，进一步科学合理调整党政关系的重要内容。

从人民与政府的关系来看，信访更从现实而微观的角度体现以人为本的科学发展战略，同时，信访也是我国服务型政府、责任政府、民主政府和法治政府建设的标志和生动集中体现。正如中共十九届四中全会《中共中央关于坚持和完善

---

①胡锦涛同志在2005年1月14日的重要讲话，http：//cpc.people.com.cn/GB/134999/135000/8110993.html，最近访问时间2013年9月9日。

②2004年9月19日中国共产党第十六届中央委员会第四次全体会议通过《中共中央关于加强党的执政能力建设的决定》，http：//baike.baidu.com/view/2808339.htm，最近访问时间2013年9月9日。

中国特色社会主义制度，推进国家治理体系和治理能力现代化若干重大问题的决定》指出，“国家行政管理承担着按照党和国家决策部署推动经济社会发展、管理社会事务、服务人民群众的重大职责。必须坚持一切行政机关为人民服务、对人民负责、受人民监督，创新行政方式，提高行政效能，建设人民满意的服务型政府。”而从信访制度的终极目标指向来看，信访与我国其他制度一样，都要以实现人民民主和人民利益为根本出发点和最终归宿，这就从根本意义上规定了信访作为政府联系人民纽带的宪法政治地位。

（四）信访是政治与法律之间的“动态民主”机制

通常意义上，人们把民主仅仅视为政治和法律层面的概念，但是，实际上民主更应当作为一个国家人民的公共生活方式。在这个问题上，马克思的认识十分精辟，他认为：“民主与全体人民生活的一切现实环节相连，民主制中任何一个环节都不具有本身以外的意义，每一个环节都是全体民众的现实的环节；在民主制中，国家制度本身是人民的自我规定，是人民的国家制度，国家制度是人民存在的环节。”[①]在我国现行《宪法》中，规定了多层次、多形式的民主制度。这些民主制度，可以说是不同领域不同形态的民主，而信访中所涉及的民主则是一种综合的、建构主义的民主，因为信访的宪法依据在于，“每一个公民都有对于任何国家机关和国家机关工作人员的批评建议权，对于国家机关和国家机关工作人员的违法失职行为有申诉、控告和检举权。”[②]在根本大法规定的这一含义上，信访对民主具有一种改进和修复的意义，成为具有不断建构功能的民主，它具有立法、执法和司法都不具有的民主优势，因为信访是由人民自己提起的救济程序，这一点是实实在在的人民民主机制。

（五）信访是国家法律整体制度的“关系协调”机制

一般而言，国家的法律制度包括立法、执法、司法三个功能性权力结构。由于这三个权力结构的主旨和功能不同，因此，在现实政治生活中，一般分别设置议会、政府和法院来分别执掌这三种功能性权力。按照西方的分权制衡理论，三种权力之间形成彼此监督与制衡，从而可以防止权力的滥用和腐败。但是，实际上，这三种权力经常会发生错误，因此，人们常常见到西方政治生活中立法错误导致执法错误，执法错误导致司法不公的错误传导和错误加剧的现象。

我国是社会主义国家，人民代表大会制度是我国的根本政治制度。因此，作

①李光灿、吕世伦主编：《马克思、恩格斯法律思想史》，法律出版社2001年版，第143页。
②《中华人民共和国宪法》第四十一条。

为立法机构的人民代表大会具有最高权力地位，行政权、司法权都是人民代表大会权力派生的权力，对其负责并且受其监督。因此，在我国的立法、行政和司法权力的运行中，人民意志居于主导地位。

与此同时，从技术角度讲，我国的立法、执法和司法机关之间除了人民意志的统一性之外，在不同权力作为整体流程实际运行时，需要一套特别的协调机制，达成人民利益和意志要求的统一性，这套机制就是信访机制。

总之，我们既不能想当然地关闭人民长久以来十分信赖的制度通道，也不能想当然地封闭对公权力机关进行监督的公正之门，更不能想当然地取消协调社会矛盾的有效机制。

（六）信访是简便高效的“权利救济”法定机制

从信访制度的立案方式来看，它不像行政复议与行政诉讼制度那样，有着严格的受理限制。通常来讲，行政复议与行政诉讼对于那些还没有发生实际损害、不属于受案范围的案件，只能依法采取不予受理或者驳回处理的裁决。相形之下，信访制度设立的却是一种颇为广泛的受理制度：凡是以对公主体（包括公务员和公共组织）的行为为对象的事项，都可以向有关信访机构要求处理。[①] 同时，信访制度也不像行政诉讼那样需要当事人付出较为昂贵的诉讼费和代理费，而只要支付相对低廉的邮费、电话费、路费即可将问题反映到相关部门。这样广泛的受案范围、这样低廉的解决成本，无疑为公民权利的救济、社会矛盾的解决和公民政治主张的实现，提供了一个良好的制度渠道。尽管目前笔者还无法提供全国性的总体信访统计数据，也难以将信访案件与其他各种诉讼案件进行对比，但是，从总体情况来看，信访制度的确解决了司法系统所不能解决的大量现实问题和矛盾纠纷。

要理解信访制度的内在逻辑，必须了解中国的历史和国情。作为一个具有悠久农耕文明的十几亿人口的大国，中国目前正处于经济改革和社会转型大潮之中，这种复杂的背景尤其需要制度设计者给予深切的关注。如果将中国简单等同于美国或者法德等西方国家，其结果可能会错认客体、忽视前提，进而犯下盲目草率的错误。因为这些国家总体上遵循的法治逻辑是：首先，资产阶级统治经过几百年的发展，形成了体现资产阶级意志要求、维护其统治的整体性法律体系和政治体系。其次，资本主义社会和政治生活中各种压力集团、独立的法官、自由的律

① 《信访条例》第十四条规定：“信访人对下列组织、人员的职务行为反映情况，提出建议、意见，或者不服下列组织、人员的职务行为，可以向有关行政机关提出信访事项。”

师，利用各自的渠道进行制度性和利益性博弈。再次，在普通民众中，经过几百年的发展，逐步形成了积习甚久的法治传统和法治文化。而我国是一个传统的乡土伦理社会，目前正处于从传统社会向现代社会的转型阶段，中国特色的社会主义法律体系刚刚建立，法治体系、主体体系及行为规则体系还在形成之中。在中国传统上，人们解决民间纠纷的机制是家族里长和乡规民约，民间法的运行机制与严格程式化的法律体系往往有着天壤之别。从这样的历史和文化发展意义上来看，可以说信访制度是一种非正式但却是十分高效的运作机制，它不但通过正式制度的运行而发挥作用，而且对正式制度的漏洞也具有及时的补缺作用。在新的《信访条例》颁布之后，公安部二十余天接访七万多起的事实，固然一定程度上反映了社会现实生活中矛盾的普遍性，同时也确证了信访解决问题的高效性。

（七）信访是法治体系的“事后反思”机制

从价值、规范和事实的关系原理来看，法治的过程是一个不断由价值上升为规范、再用规范去指导事实、通过事实去反思价值的循环往复的过程。从法的三个基本界域来看，法治的过程可以看作与此相对应的三个重要阶段：第一个阶段是立法阶段；第二个阶段是守法、执法及司法阶段；第三个阶段是法的反思阶段。①

在这三个阶段中，第一和第二阶段固然需要我们注重，第三个阶段从某种意义上则更为重要，因为没有反思，就不能发现法治体系中的漏洞和错误，不能提高法治建设的水平。

信访机关分布于国家的立法、执法和司法职能机关，信访的实际作用是监察和观测这三种国家权力机关里是否有不安全、不健康的因素，一经发现，则可以及时“隔离”并进行安全处理。所以，从信访的结果来看，信访权力应该是超越立法、行政、司法之上的特殊形态的权力，它可以再次启动立法、行政和司法程序，剔除甚至纠正立法、执法和司法机关及其工作人员的错误公务行为。当然，需要特别说明的是，强调信访的重要地位和作用，并非要以信访机构取代立法、执法和司法机关，而是由于信访机制具有事后性、补充性和辅助性的特点，所以，在立法、行政和司法机关不能完全实现其功能，或者发生功能错误时，以信访机制作为其补充机制，因此，信访是法治体系问题的“事后反思”机制。

信访不同于其他行政法律制度。其他行政法律制度是为了执行，将未然变成

---

①田文利、张筱薏：《法治实践中价值、规范与事实关系初探》，载《法学论坛》2007年第5期。

已然，而信访则是将已然的错误加以纠正和修改，使之转变为正确的纠错和调整过程。当一个人发现自己犯了错误时，经常有两种反应，一是坚持错误，以致一错再错；二是立刻修正，吸取教训，避免再错。对于国家机关及其工作人员的工作实践来说，也是如此。国家工作人员在执行各种政策、措施的过程中，也会发生各种各样的错失，其中有些错失会侵犯公民的权利，有些则会损害国家自身的利益，而作为国家主体，由于是政策的制定者、实施者，但并不是政策的承受者，因此，政策的结果必须通过政策的承受者才能发现。而信访正是这样一种帮助政府发现政策、法律错误的机制。

（八）信访是法律事实的“个别筛选”机制

法律制度的宗旨在于形成法律规范所要求的法律事实。在立法机关和政府的立法行为中，社会的法人主体与自然人主体会依照法律规范的具体规定，使自己的行为符合或者贴近法律规范，并依据规范的引导与规定，让自己的行为保持在合法的范围之内。这一过程就是法律事实形成的过程。在这一过程中，事实的存在条件、运行方式、程序结果虽然都是客观的，但同时存在人的主观因素的介入，亦即在法律事实中，主观与客观因素是互相混杂的。而事实的多变性、偶然性以及结果的不可逆转性，都将事实的形成过程毫无区别地“照单全收”，而不论这些事实是否符合人们的主观意志，是否符合法律规定，如同法律实践中所经常出现的那样，合宪的法律规范与违宪的法律规范并存，合法的行为与违法的行为并存，合法的判决与违法的判决并存。而如果要将这些国家公权力作用下所形成的事实进行挑选，必然需要一种特别的筛选机制。

从法律事实形成过程这一角度来看信访，就会发现，信访制度的重要作用在于重新发现事实，将事实中不符合人们目的、违法的事实过滤出来，进行重新加工和处理。不过，信访机制与其他发现法律事实的机制的不同之处在于，它是由公民主体或者法人主体去发现的，而不是国家公权力主体自己发现的。在此需要特别指出的是，虽然国家公权力机关的档案制度可以全面地记录法律的形成过程及执法和司法的全部过程，但是，信访所反映出来的案件事实，经常与公权力机关所记载的案件事实明显不同，这是因为视角和目的不同，信访案件所反映的事实是微观的和个体的，而不是宏观和整体的，是直观的，而不是抽象的，是全过程的，而不是片段式的事实。

（九）信访是国家活力的“健康免疫”法定机制

从信访制度的目标来看，其运行的终极目标是解决信访问题，因此，信访机制在国家与公民之间、在国家内部机构之间构成了一种解决问题的机制。实际上，不同国家虽然根本性质不同，但是，都会在维护统治、实施管理时面临社会矛盾、社会冲突，从而必然建立形形色色不同的社会问题解决机制。信访就是中国特色的社会问题和矛盾解决机制。

从立法、执法和司法这三方面权力来看，一般情况下，这三种权力只能在各自的权能范围内运行，其有限性非常明显。而从信访解决问题的特点和属性来看，它可以兼具权利救济、政治监督和政策修复功能：对于信访人来说，信访是一种救济手段；对于被信访机关来说，是一种具有监督功用的制度设计；而对国家而言，信访等于一种问题和政策修复再生机制。由此可见，信访制度存在和运行的终极价值在于国家整体制度的健康保持，因此信访实际是集救济、监督和修复于一身的“国家机体”的“免疫”系统，[①]而每一个信访案件就如同国家组织机体中的“白细胞”一样，将国家不同层面、不同机关工作人员公务行为中的问题进行“包裹”“隔离”“吞噬”和“处理”，最终保证国家整体运行的正常状态。如果一个人的白细胞出现问题，或者白细胞不能吞噬危险病菌，甚至白细胞枯竭的话，那么，必然影响其健康甚至寿命。同理，作为信访制度，如果不能及时有效解决社会问题和社会矛盾，那么，整个国家很可能被信访案件拖累，很可能使得社会冲突演变成剧烈的社会动荡，公民与政府被社会矛盾和纠纷所“煎熬”；而如果取消信访制度，那么，对于国家和社会而言，后果不堪设想。因此，以上两种做法，不论哪种实际上都是十分危险的。

有些学者激烈批判和抨击信访制度，主张彻底取消信访制度。实际上，取消了信访制度，信访问题照样存在，只不过被分流到其他的国家机关和渠道，其结果必然是给这些国家机关增加运行负担。另一方面，信访问题长久得不到关注和解决，就会变异并且流动到社会各个角落潜伏下来，成为社会发展和政治稳定的

①白细胞是机体防御系统的一个重要组成部分。它通过吞噬和产生抗体等方式来抵御和消灭入侵的病原微生物。吞噬作用是生物体最古老的，也是最基本的防卫机制之一。对于其要消灭的对象无特异性，在免疫学中称之为非特异性免疫作用。中性粒细胞和单核细胞的吞噬作用很强，嗜酸性粒细胞虽然游走性很强，但吞噬能力较弱。白细胞可以通过毛细血管的内皮间隙，从血管内渗出，在组织间隙中游走。它们吞噬侵入的细菌、病毒、寄生虫等病原体和一些坏死的组织碎片。一般认为，白细胞能向异物处聚集，并将其吞噬，这是因为白细胞有趋化性。由于细菌体或死亡的细胞所产生的化学刺激，诱发白细胞向该处移动。组织发炎时产生一种活性多肽，也是白细胞游动的诱发物质之一。中性粒细胞内的颗粒为溶酶体，内含多种水解酶，能消化其所摄取的病原体或其他异物。一般一个白细胞处理5～25个细菌后，本身也就死亡。死亡的白细胞集团和细菌分解产物构成脓液。

隐患。从仿生学的角度来看，信访之于国家，就如同人的免疫系统之于人的生命一样，其属性是要保障其组织肌体的健康与安全，因而其设计应该有利于发挥这样的属性。如同人体的免疫系统遍布全身一样，信访也应当遍布国家所有的机关，人体白细胞的最大功能是除掉有害病毒和病菌，而我国的信访制度也应当是灭杀社会病毒和病菌的有效机制。

（十）信访是国家道德的“良心检验”法定机制

国家道德即所谓国家伦理，国家伦理是国家作为一个主体对其全体国民、其他国家及整个国际社会所承担的道德责任和伦理关怀。国家伦理包括两个维度：第一个维度是作为对内享有主权的国家对其公民、组织的维度，国家伦理是国家与公民或组织发生相互关系时国家所应当遵循的道德规范；第二个维度是作为对外享有主权的国家对其他国家及其国民的维度，国家伦理是国家与国家及其公民发生相互关系时应当遵循的道德规范。①

从我国信访所反映的当前问题来看，大部分信访指向国家与社会、政府与公民之间的关系，从制度的正义性、公务员行为的合法性，一直到国家的道德性。尤其引人关注的是，在信访案件中，人们往往质疑制度公平性、政府及工作人员的公共德性等法律制度之上的伦理问题。如果将信访与其他类型的国家制度相比较，可以说，没有哪一个制度与国家的道德属性具有如此密切的相关性。由此可见，信访制度实是政府的良心机制。②

通过信访制度，国家可以以国家伦理为标准检测国家各项制度的设计和运行状况，如分配是否公义，计划生育政策是否符合公共伦理，政府三公消费是否合理，强制拆迁是否符合公平正义，社会保障、慈善立法是否以人为本等。在信访所涉及的这些问题中，哪些方面国家已经承担了国家责任，哪些没有承担国家责任而有待于完善，都可以通过信访这种特别的制度设计来进行伦理和良心的检验。

---

①田文利、聂振华：《论国家伦理是警察伦理存在的正当性基础》，载《中国人民公安大学学报》2008年第4期。

②在十一届全国人大一次会议闭幕后，国务院总理温家宝在人民大会堂与采访十一届全国人大一次会议的中外记者见面并回答记者提出的问题。温家宝说：“要推进社会的公平正义。如果说真理是思想体系的首要价值，那么公平正义就是社会主义国家制度的首要价值。公平正义就是要尊重每一个人，维护每一个人的合法权益，在自由平等的条件下，为每一个人创造全面发展的机会。如果说发展经济、改善民生是政府的天职，那么推动社会公平正义就是政府的良心”。

2.2.3 信访的定性对信访制度完善与发展的意义

正如前文所述，信访的法律定性问题是信访制度所有问题的基础。定性问题回答了信访到底“是什么”，这个问题对于认识现行制度、完善其缺陷均具有重大指导意义。在当前的信访研究领域，争议最大的莫过于信访制度的立与废、强化还是削弱的问题。而通过以上的信访之属性分析，可以得到初步的结论：信访具有多种极为重要的制度属性，应当把信访放在国家体制的重要位置上，并给予其相应的地位，解决一般机关自身无法解决或者不愿意解决的问题。如果一个制度对于一个国家而言，起着其他任何制度都不能代替的作用时，这个制度就是不能被废弃的。就如同人的生命一样，人的免疫系统虽然自身没有独立的功能，不能提供消化、排毒等显著价值，然而没有免疫系统则意味着没有健康的防护系统，一旦有病菌侵入，整个系统就会面临危险而死亡。信访之于国家的作用，类似于免疫系统之于人体的作用，而且还要远远大于人体的免疫系统。而从信访制度本身来看，信访定性问题决定了信访机关应当处于国家政治体系中的地位、给信访确定什么样的功能、限定信访受理何种类型的案件，而信访的功能设计又决定了信访立法的程序及内容，从而最终决定信访案件的解决效果。可见，信访的定性研究的意义颇为深远。

2.3 论信访制度在法治体系中的定位

信访制度在法治体系中的定位，指的是信访制度处于国家法治体系中确切的空间和时间位置。信访制度的空间位置表明信访制度在整个国家法治体系中所居的法律地位，而信访制度的时间位置则表明信访制度在法治体系的动态坐标中所起的作用。一方面，信访的定位问题既是信访定性问题的必然延伸，同时，信访的定位也是决定信访功能和范围的基础，更为重要的是，信访制度的定位直接决定了信访机关的权力构成，从而最终影响信访案件的解决效果。简言之，信访的定位问题是信访研究的重大理论课题之一。

2.3.1 信访制度的定位研究存在的问题

从宏观来看，信访的定位问题是一个被长久忽视的问题。而如果信访制度的定位问题解决不好的话，信访制度在国家机构体系中的位置就难以摆正，其法律地位也不好确定，同时，与其他权力机关的关系就不好相处。与此相关，信访机关的权力、信访的功能、信访立法的方向等一系列问题就难以解决。现实中信访问题大量堆积、循环上访、越级上访等老大难问题均与信访的定位不确定有直接或间接的关联。具体而言，在信访的定位问题上存在着以下几个方面的问题。

（一）信访的定位问题处于“隐而未现”的状态

信访的定位问题的“隐而未现”性表现在两个方面：一方面是在实践层面，定位问题隐藏于信访事实的背后。实践中信访案例是信访机关和信访人依据《信访条例》所形成的法律事实，这些事实都是具体的、个别的，但信访的定位却是抽象的，不但在《信访条例》里没有体现，与信访机关和信访人也没有直接关联。换言之，没有哪一个或者哪些具体的案例能够直观地体现出信访的案例与信访的法律定位有什么关系。另一方面，是表现在理论层面，信访制度的研究人员很少注意到信访的定位问题，因为普遍认为定位问题是宏观层面、哲学层面及设计层面才涉及的问题。打个比方来说，如果将信访案件当作“果实”的话，信访的权力与权利、信访的程序问题就像“树叶”一样，而信访的功能问题和范围问题就如同“树枝”，进一步而言，信访的定位问题就会像“树干”，而信访的定性问题就如同地上所不见的“树根”了。总之，信访的定位问题，无论是从实践层面还是从理论层面都不“显眼”，就如同冰山的底基一样，它被深深地隐藏在信访事件和信访制度的背后，如图 2-8 所示。

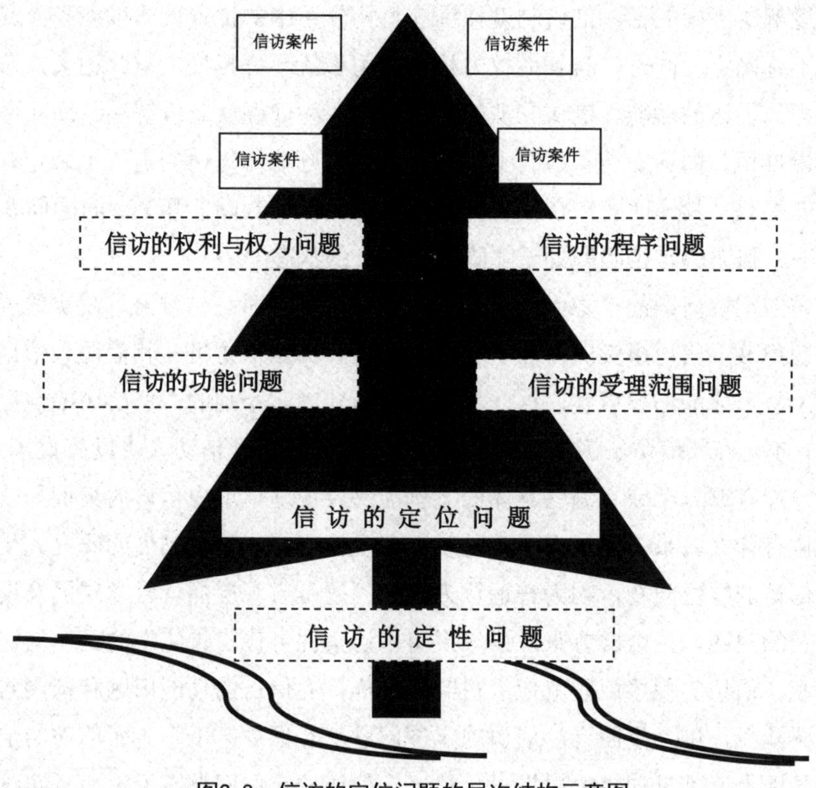

图2-8　信访的定位问题的层次结构示意图

信访的定位是十分重要的基础理论问题，如果没有定位的研究，信访的功能和范围就不能确定。如信访的功能，有的学者认为信访的功能是救济权利，也有的学者认为是监督权力；再如信访的范围，有的学者主张宽泛，也有的学者主张收缩。最后的结果就是公说公有理，婆说婆有理，这样，在制度设计和立法时就没有确定的选择标准。

（二）信访的定位问题是一个需要整体把握但却被高度分散的课题

经过长达半个世纪的建设和发展，我国的信访机构已经形成一个庞大的组织体系，全国的信访机构呈现上下一体、纵横交织的组织形态，全面覆盖了我国的国家机关和企事业单位。在横向的信访组织格局当中，到目前为止，我国的人大系统、政府系统和司法系统，甚至包括军队系统和绝大多数国有企事业单位，如医院、学校和商业机构均设有专门的信访办事机构。除了外资企业和民营企业，信访系统几乎覆盖所有的单位。而在纵向的信访组织格局当中，信访机构的设置从最高国家权力机关到最基层的机构均有设置，已经形成县市以上各级政府机构设立专职机关和专职工作人员，县市以下各级政府机关设立专职部门，但不设立专职工作人员，由兼职人员同时兼任信访工作人员的格局。

由此可以看出信访是一个分散于立法、执法、司法、企业、事业、军队不同机关、组织的多分支结构，是一套从中央到地方、分层架构的模式。在这种叠床架屋的模式里，一方面，很难说某个具体的信访制度能够代表所有的信访制度，因为不同主体处理的信访问题、信访程序、信访权力（权利）都有所不同。另一方面，所有主体内部的信访制度又都有其类似的共性，抛开信访的主体、信访的程序及信访的权力（权利）这些不同的具体表现形式，我们见到的是需要认真处理的具体的公民诉求。可见，信访的定位问题不是某个主体、某个机关的个体问题，而是信访制度架构的整体问题，牵一发而动全身。因此，从个体的信访制度研究不可能得到全面的结论，那种希望只在某个领域里、或者某个地域里局部解决信访制度的想法是不切实际的（见图 2-9）。

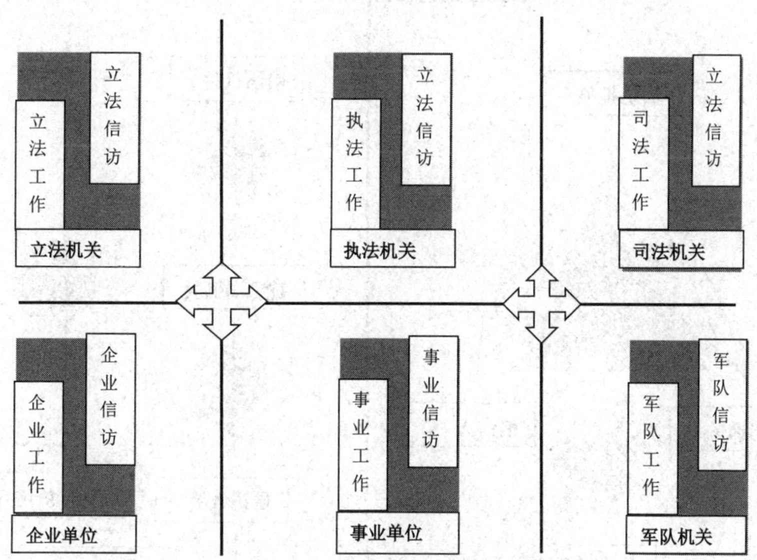

图2-9　信访制度的整体架构示意图

（三）信访的定位问题本来是“解决争议问题”却被当作“处理事实问题”

解决争议问题与处理事实问题的区别在于主体的数量、相互关系及事实的结构模式。争议的对象包含了两个主体及两个主体之间的关系，是一个双向的、三角形的、信访人与被信访机关平等的权利结构，而事实的对象则只包含公民个体的相关事实，是一个由信访机关单向决定的、信访人与被信访机关不平等的权力结构。可见，区分争议问题和事实问题十分必要，进一步而言，信访的定性问题应当根据其处理对象的性质来确定。而综合审视我国目前信访制度的理论与实践，似乎并未注意到争议问题与事实问题之间的区别。这个问题反映在信访机关的组织设计上，往往将信访作为机关或者组织内部的一个职能部门，专门处理信访问题，而这个部门又没有解决问题的相应权力，只能按照“谁主管、谁负责”[①]的原则，转办、督办而已。这种做法大家往往都认为是被信访机关的权力不能被逾越，而忽略了信访机关的权力本来就应当大于被信访机关的权力，因为信访机关处理的已经是双方争议问题，是“烫手的山芋”，而非被信访机关所处理的“常规事实”问题。如果将这个“烫手的山芋”再转回给被信访机关处理，一则违反行政法上“自己不可以做自己的法官”的基本原则，二则这种做法的效果就是让被信访机关合理合法地“截访”，然后再给信访人“穿上小鞋”，最后，被信访机关还可以“堂而皇之”地拒绝改正错误（见图 2-10）。

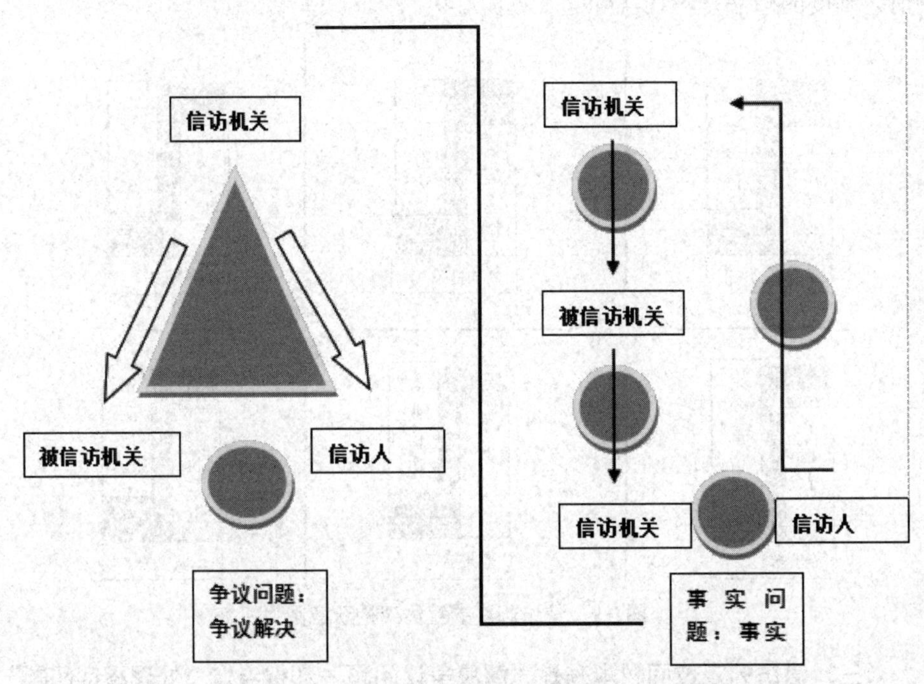

图2-10　信访的“争议问题”模式与“事实问题”模式对比示意图

①《信访条例》第三条规定：信访工作应当遵循属地管理、分级负责；谁主管、谁负责；依法、合理、及时、就地解决问题与疏导教育相结合；预防和化解矛盾相结合；以人为本，便民利民的原则。

2.3.2 对于信访定位问题的分析与思考

总体而言，信访的定位问题，需要我们从思维方法、研究视角、认知结构三个不同层面进行思考。因此，针对信访的定位研究中所存在的上述问题，笔者建议从以下几个方面进行对应性的研究和探索，以便全面彻底地解决这些问题。

（一）用抽象的思维方法而非具体的思维方法破解难题

信访的定位问题，并不是从信访的定量分析、现象分析里能够得出结论的。恰恰相反，定量研究和现象研究不能代替定性研究，而定位研究又是直接受定性问题影响的，换言之，信访“是什么”的制度就理应放在“什么位置”上，如果信访是必不可少、不可替代的制度，那么就应当将信访放在国家机构中重要的位置上。反之，如果信访是可有可无，或者可通过其他制度实现其同样功能，那么信访就应当被放在次要位置上。在此，笔者提议，转变过度依赖定量分析、现象分析的思维模式，代之以定性的、抽象的思维模式，抽调全国信访研究精英，将信访的定性问题与定位问题作为一项基础的社会科学研究课题进行专项攻关，特别是具有哲学背景的信访研究专家和学者，共同探讨、共同努力、攻克这一制度难关。

（二）用宏观的视角而非微观的视角来研究问题

鉴于信访的普遍性、分散性和多层次性，用微观的、个体的视角研究宏大的信访问题已经力不从心，笔者认为应当采用宏观的、大视野的研究视角来综合透视信访的定位问题。在研究策略上，可以考虑建立一个全国范围内的信访信息交流平台，统合各个机关、组织内部的信访机构的相关信息，为信访专家提供一个共同的交流平台，从国家层面、框架内来解决信访的定性与定位问题。

（三）用立体三维结构而非平面二维结构重新设计制度

从前面的分析可以看出，信访争议的对象是信访人和被信访机关之间的矛盾或纠纷，而不是信访机关所处理的信访人的直接利益事项。可见，在信访机关和被信访机关及信访人之间形成的是具有三个主体、一个客体的三维立体结构，而不是被信访机关和信访人之间形成的两个主体、一个客体的二维平面式结构。在第一个结构模式里，信访机关有权力审理信访人和被信访人之间的争议，形成一个稳定的争议解决模式。而在第二个结构模式里，信访机关只是信访人的“传声筒”或者是“中转签字处”，从而形成一个“踢皮球”的模式。因此，笔者建议，将解决信访争议与处理一般事件区分开来，进而将信访机构也相对独立出来，赋予其一定的调处信访争议的权力。这样，既使被信访机关回避了自己做自己法官的尴尬，又可以放手让信访机关全面、高效地解决信访争议，久而久之，随着这种纠错机制的正常发挥，信访机关的办事效率会大大提高，同时，被信访部门的错误就会越来越少。

2.3.3 信访制度的法律定位研究

信访制度的法律定位研究的目的是要回答如下几个问题：一是在国家整体的法律框架内，信访有无独立的地位？二是信访机关与立法机关、执法及司法机关是什么关系？三是在公权力体系里，信访权力处于何种层位？四是在实现法治的整个过程中，信访处于哪个环节？五是在国家动态发展中，信访居于何种位置？通过这几个问题的研究，可以为我们提供一个能够较为准确定位信访制度的“坐标”（见图 2-11）。

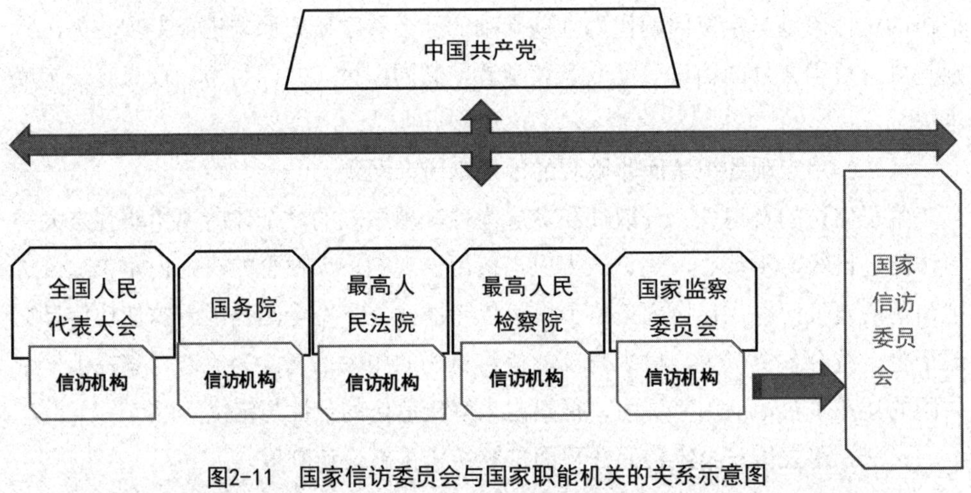

图2-11　国家信访委员会与国家职能机关的关系示意图

（一）宪法框架层面：信访体系在性质上位于一般国家机关体系之上

信访在国家宪法框架中的位置，可以从我国现行《宪法》第四十一条的规定予以解读。《宪法》第四十一条规定：“中华人民共和国公民对于任何国家机关和国家工作人员，有提出批评和建议的权利；对于任何国家机关和国家工作人员的违法失职行为，有向有关国家机关提出申诉、控告或者检举的权利，但是不得捏造或者歪曲事实进行诬告陷害。对于公民的申诉、控告或者检举，有关国家机关必须查清事实，负责处理。任何人不得压制和打击报复。由于国家机关和国家工作人员侵犯公民权利而受到损失的人，有依照法律规定取得赔偿的权利。”① 很显然，国家机关和国家工作人员虽然掌握国家权力，拥有公务职能，但在宪法规定的法律制度体系中，仍然处于公民的批评和监督之下，信访人可以对其行为提出批评和建议，信访机关有责任查清事实进行处理。因而，信访体系的地位要高于其同级的国家权力机关。

（二）机构设置层面：信访处于与立法、执法和司法合一并列的地位

信访在法律框架中的位置，可以从纵横两个方向上加以确定。在纵向上，信访机构的设置从最高国家权力机关到最基层的机构均有设置，已经形成县市以上各级政府机构设立专职机关和专职工作人员，县市以下各级政府机关设立专职部门，但不设立专职工作人员，由兼职人员同时兼任信访工作人员的格局。在横向上，我国的人大系统、政府系统和司法系统，甚至包括军队系统和绝大多数国有企事业单位，以及医院、学校和商业机构均设有专门的信访办事机构。除了外资企业和民营企业以外，信访几乎覆盖所有的单位。

实际上，目前我国的信访模式是立法机关负责立法的信访，执法机关负责执法的信访，司法机关负责司法的信访，虽然三个权力机关各有各的信访，然而这三家信访却并不合一，而是各自与各自的系统合而为一。可见，在我国的法律体系中，信访不论是作为机关，还是权力功能，都与国家主要权力机关并列为同等地位，合为一个组织整体。

（三）权力内结构中：信访处于第二层权力空间

从逻辑上看，信访所具有的权力性质与立法、行政、司法三种权力的性质有所不同，立法、行政、司法权力在宪法体制当中，属于第一层位的权力，而信访机关的权力则属于第二层位的权力。第二层位的权力有两种存在方式，它既可以内嵌于法律体系，也可以外设于法律体系，前者表现为制度内的自省机制，后者表现为制度外的他律机制。第二层位的权力既以第一层位的权力的行使为基础，也以第一层位的权力的落实为归宿。信访机关的权力属于第二层位的权力，而且这种权力内设于第一层位的执行权力，不具有独立的法律地位，第一层位的权力能够正常发挥功能的时候，这个层位的权力一般不发挥作用，只有当立法、行政、司法权力运行发生问题时，信访权力才会被信访人“激活启动”。由此可见，这是与信访的本质属性相对应的位置。

---

①《中华人民共和国宪法》（1982）第四十一条。

（四）事件程序结构中：信访处于承上启下的中间位置

法是存在于价值、规范和事实三个不同界域中的统一体。根据这一基本原理，法治是一个包括立法、执法、守法、司法、反思评价几个不同阶段及其不同内容的完整统一体。执法阶段的任务在于依据法律规范将生活事实调整为法律事实，司法阶段的任务在于对执法者和守法者之间的争议进行评判，在确认合法的事实的同时，否定非法的事实。

信访处于一个正式法律程序形成之后，下一个正式程序启动之前，也就是说信访处于两个正式法律制度中间的位置；立法信访事件形成于法案已经颁布实行之后，而尚未进入执法程序之前；执法信访形成于执法事实形成之后而司法程序启动之前；司法信访形成于司法裁判结果形成之后而反思程序启动之前。由于信访处于两个不同程序的中间层次中，因而它处于程序之间的过渡位置。实际上，将信访设置于这一位置，一方面可以及时发现前一个程序的错误，另一方面可以为下一个程序的启动减少压力。举例来说，如果立法机关采纳信访的建议，那么信访人就会自觉遵守其颁布的法律规范，因而就无须执法机关去强制执法，而如果执法机关能够及时解决信访案件，信访人也就不用去法院打官司，这样就会减轻司法机关的诉讼压力。由此可见，在这个中间位置，信访机关如果对前一个程序留下来的问题及时处理，就能够解决问题从而无须进入下一个程序，这就为提高制度的整体效率提供了可能性。

（五）国家动态发展中：信访提供国家整体生活的微缩舞台

从我国悠久的文明和治国历史来观察信访，就会发现信访是古代朝代兴衰的一个晴雨表。一个朝代政治清明、朝纲振兴，信访就呈现出旌表之气，而一个王朝腐朽没落、统治昏暗，信访就会有大量民间冤情。古代信访所反映的案件，并非那些平淡的事件，而是充满紧张冲突、经历曲折的人间悲剧。从某种程度上说，信访制度几乎成为一个朝代兴衰的信号。

新中国成立以来，信访的第一次高峰出现在“文化大革命”以后。1976 年粉碎“四人帮”后，信访总量迅速增长。信访成为人们诉说冤屈、要求落实政策的重要渠道。特别是 1979 年到 1981 年，成为新中国成立以来信访的高潮期，从中央到地方，信访工作受到前所未有的重视，发挥了前所未有的作用。国务院办公厅 1979 年收到来信来访 57.1 万件、1980 年 38.5 万件、1981 年 27.5 万件。来信数量之多、人数之多、投入力量之多、解决问题之多是新中国成立以来之最。①

①刁成杰：《人民信访史略》，北京经济学院出版社1996年版，第261页。

对于一个现代法治国家来说，国家不但应当为人民生活提供权利保障，而且还应当为权利的实现提供多元救济渠道，便捷、经济、高效的权利救济方式本身就是现代法治国家的重要标志。2004 年我国修正宪法，在《宪法》条文中将“国家尊重和保障人权”写入《宪法》三十三条第三款，在宪法文本上明确表达了国家对于人权的尊重和保护态度，同时明确国家对于人权保障所负有的义务，这在我国宪法史上无疑具有非常重大的意义，这一条款一方面阐释了公民所具有的诸种实体权利，同时也意指国家将承担为公民实体权利的实现而进行救济性权利（如刑事诉权、民事诉权、行政诉权等）的制度建构义务。

因此，在现实中，信访不但是一种表达方式，也是一种参与方式，借由意愿的表达和行为的参与，个体的公民成为国家整体生活的基本单元。特别是现代国家，更加需要积极的、充满主动精神的高素质公民来参与国家生活，对于国家治理和公民权利保障提出积极建设性建议。公民有序参与政治的状况，往往被视为国家民主和法治建设的重要标志。与此同时，对于公民来说，他们所享有的政治、经济、文化、社会方面的诸多权利，都需要通过有序的政治参与、有效的权利救济加以切实保障，否则，他们只能享受到宪法纸面上的权利，而不是实然的权利。质言之，信访制度为观察国家生活提供了生动的舞台和精巧的显微镜。

2.3.4 信访的定位研究的结论

正如前文所述，信访的法律定位问题是信访制度的重要基础。定位问题回答了信访到底应当摆放在国家机构体系中的位置，这个问题对于认识现行制度、完善现行制度缺陷均具有重大指导意义。通过以上的信访之定位分析，可以得到初步的结论：信访应当被放在国家体制中重要的位置上，且给予相应的、被尊重的地位，使信访体系在性质上超越于一般国家机关体系之上、形式上位于一般国家体系之外，解决一般机关自身无法解决或者不愿意解决的问题。具体而言，第一，在国家整体的框架内，信访机关必须有独立的存在形式，而不是被分散为无形；第二，与立法机关、执法机关及司法机关的关系上，至少要平等或者高于这三个机关，否则就不能制约这三个机关；第三，在位序上信访是第二层位的权力形态，应当具有被动、慎重的品格，即信访要奉守不诉不理、尽量尊重原处理机关的原则；第四，在实现法治的整个过程中，信访处于承上启下的中间环节上，立法、执法和司法过程中，不论哪一个环节出现问题，都可以通过信访来解决，这样就使信访成为一个动态的问题解决机制；第五，在国家动态发展中，信访是一个与时俱进的现实舞台，是人民群众参与国家生活的一种随时随在的选择途径。

2.4　信访制度设计理念的规范分析

信访制度的设计理念指为建构或完善信访制度，立法者需要按照什么样的指导思想、原则或标准去设计信访制度，亦即构建新的信访制度或者完善现有信访制度所要奉行的几个基本信念。信访制度的设计理念既体现着信访制度价值目标，又影响着信访制度设计的规范结构及其表达方式。从逻辑顺序上说，制度的设计理念应先在于制度规范，它是形成现实制度之前的"软制度"，是规范形成之前的"软规范"，是一个由理论向实践、由应然向实然的转化中间界面。实践证明，在不同的设计理念支配下，立法者会设计出完全不同形态的立法模式。由于这一界面既不属于高深的理论范畴，又不属于务实的操作范畴，而备受轻视和冷落，我国目前学术界对此亦缺乏关注。正是基于这一点，西方一些法治发达国家的立法者建构了立法效果评估制度，在效果评估的事先评估程序阶段解决制度设计理念问题，以此求得制度设计符合其初衷。[①] 但由于我国在制度层面还不存在类似的评估制度，在理论层面也尚未展开探讨，因此对于新的信访制度设计来讲，就更有必要进行专门的研究。

制度的设计理念究竟有哪些呢？笔者认为应当具备三个不同层面的理念，即第一个层面的基本理念：民主、法治、诚信的理念；第二个层面的核心理念：保障人权、监督促进公权、追求和谐的理念；第三个层面的系统理念：科学、开放、整体的理念。这三个层面的理念组成一个有机的理念系统。第一个层面中的民主、法治、诚信理念，是最为基本的制度设计理念，这三个理念共同指向了任何一种法律制度的本体。可以说，不遵循这三个基本理念，设计者所设计出来的制度就是值得怀疑的，制度本身也是靠不住的。第二个层面的保障人权、监督促进公权和追求和谐的理念，则指明了制度设计的内容及内容之间所应遵循的原则：对于公民的私权利，给予保护、扶助、支持、救济制度设计；而对于国家的公权力，则要给予制约、监督、保障、促进的设计，同时还必须在二者之间

①这些国家的立法评估制度是二十世纪七八十年代才陆续建立起来的。参见《美国的行政立法成本效益评估制度》，载国务院法制办公室秘书行政司编：《政府法制参考》2005第16期；《德国和欧盟的立法效果评估制度》，载国务院法制办公室秘书行政司编：《政府法制参考》2005年第10期。

保持和谐与均衡。[①]第三个层面的科学、开放、整体的理念是指在进行制度设计时，要适当考虑制度的内在合理性、外在合理性及体系的完整性：科学的理念所指向的是制度的合理性要以普遍的因果关系为基础，因为诸多的因果关系决定了制度的效率；开放的理念则指明了维系制度生命力的关键所在，如果信访制度不具有开放的特点，就可能停留于一种封闭静止、片面狭隘、形式意义的制度模式；整体的理念则提醒我们尤其应当注重制度的体系化建构，特别是我国目前信访制度的分散化、多元化及重叠化的现状，提倡整体的理念仍有一定的积极意义。可见，科学、开放、整体这三个理念，实际上提供了设计制度整体系统时所应遵循的基本原则。值得特别强调的是，这些设计理念之间也是互相补充、互相支持的关系，需要设计者同时把握，灵活运用。

鉴于第一个层面的设计理念，对于我国的制度设计者来讲，已经成为普遍共识，在《信访条例》中也有比较充分的体现，因此，在此暂不展开，而将重点放在第二个层面和第三个层面的理念分析与建构上。

2.4.1 对制度设计的核心理念的反思

总体而言，新的《信访条例》比原来的《信访条例》在制度的合理性、规范性和可操作性方面大大地迈进了一步，体现我国行政民主和法治水平的提高。但是在制度设计理念上，不可否认还有一些不足的地方。以下笔者主要从一些不足的方面进行重点剖析，以找出未来进行制度改进的方向。

（一）对公民基本权利的实现尚未提供充分保障

［条文列举］ 第一条 为了保持各级人民政府同人民群众的密切联系，保护信访人的合法权益，维护信访秩序，制定本条例。

第十四条 对依法应当通过诉讼、仲裁、行政复议等法定途径解决的投诉请求，信访人应当依照有关法律、行政法规规定的程序向有关机关提出。

［条文分析］ 首先，这一条文中两次使用“应当”，但“应当”这一词却向信访人透露了另外一个信息：“应当”并不是“必须”，信访人仍然“可以”寻求以信访的方式解决。其实，“诉讼、仲裁、行政复议等法定途径”，对信访人而言都是可以选择的，信访人既可以采用比较和缓的方式如复议、仲裁进行救

---

①[德]康德：《法的形而上学原理——权利的科学》，沈叔平译，林荣远校，商务印书馆1997年版，第51页。

济，也可以采用对抗的方式如诉讼进行权利救济。既然是权利，就可以选择，也可以放弃。权利的本质自古以来就被认为是一种选择之自由。[①] 这些救济渠道对于信访人而言具有或然性而不具有强制性。因此，如果人们不愿意借助其他救济方式的话，信访机关并无强制性权力不受理其救济请求。从《信访条例》的文本来推测，第十四条的设计初衷是将涉法信访分离出去，减少信访的压力。但是很显然，由于对公民救济权利的性质不理解，对于三大救济制度现实功能认识不客观，造成这一条文中没有在诉讼、仲裁、行政复议与信访之间划一条清晰的界线将四者截然分开，这样就可能达不到信访案件分流的效果。

其次，由于信访救济具有“可优先选择性、广泛性、延伸性、补充性、细腻性和温和性”[②] 的特点，在选择正式的司法程序之前，信访人还可以向信访机关寻求救济。同时，由于我国目前的行政复议制度、行政诉讼（特别是受案范围）制度及仲裁的执行制度等均不同程度存在着制度设计问题，导致这三项制度不能充分满足公民救济权利的要求。因此，信访对公民的权利救济就具有更为重要的意义。从我国信访量连年增长的趋势来看，信访的救济功能是不能武断地剔除的。

结合第一条“保护信访人的合法权益，维护信访秩序”的立法目的来看，信访人的权利的性质、定位、实现保障、对应措施等几个方面在条例中均没有能够全面地进行规定。可见，条例中对于保障公民权利的安排还是有很多值得探讨的地方，保障公民基本权利的理念在制度的细节方面还不能全面地落实。

（二）对公权力的监督和促进仍需完善

［条文列举］ 第四条 信访工作应当在各级人民政府领导下，坚持属地管理、分级负责，谁主管、谁负责，依法、及时、就地解决问题与疏导教育相结合的原则。

第五条 县级以上人民政府应当建立统一领导、部门协调，统筹兼顾、标本兼治，各负其责、齐抓共管的信访工作格局。通过联席会议、建立排查调处机制、建立信访督查工作制度等方式，及时化解矛盾和纠纷。

［条文分析］ 首先，“属地管理、分级负责”的制度模式类似于诉讼法中

①用自由来解说权利的学说，在西方思想史上被许多大思想家所坚持：从霍布斯、洛克到康德、黑格尔，再到近代的诺齐克、哈耶克，皆属此列。

②田文利：《现代信访制度之双向重构》，载《廊坊师范学院学报》2006年第1期，第114页。

的管辖制度——属地管辖和级别管辖，这两种管辖制度在诉讼法的意义上是颇为严格的。但在整个条例当中，没有具体地规定如何确定信访事项的属地管辖和级别管辖。由于具体的操作方案不清楚，容易造成跨区上访和越级上访的现象。

其次，“谁主管、谁负责”的制度，等于将解决问题的责任又推给被信访机关——即“有权机关”，形成问题“原地打转儿”的现象。加之条例中没有规定原参与处理的公务员必须回避，经常使信访人的问题不但得不到解决，反而更容易遭到报复，导致问题更加复杂、严重，甚至对立。

再次，“谁主管、谁负责”的规定，容易形成对“联席会议”的阻碍。因为，第一，“我主管我负责，别人无权过问”。第二，同级权力机关的地位是相等的，不存在领导与被领导的关系，因此部门之间的协调就没有必然的保障。因此，这样的规定反而容易形成不同权力机关之间的对峙与不合作。进一步而言，“谁主管、谁负责”的制度实际上又是不可能实施的，因为它受“建立统一领导、部门协调，齐抓共管”的信访工作格局的制约，上级行政领导的监督、介入，其他部门的参与、干预，使得“谁主管、谁负责”的执行大打折扣，最后的结果就是谁都过问、谁都不负责。

可以看出，上述两个条文之间存在着矛盾。这说明由于对于公权力的制约、监督和促进的理念顾及不够，造成信访机关和被信访机关的公权力之间的制度性冲突。

（三）信访机关的权力与公民基本权利没有和谐互动

[条文列举] 第三十一条 对信访事项有权处理的行政机关办理信访事项，应当听取信访人陈述事实和理由；必要时可以要求信访人、有关组织和人员说明情况；需要进一步核实有关情况的，可以向其他组织和人员调查。

[条文分析] 首先，条例对调查的必要性强调不足。要解决好信访问题必须以事实真相为基础，信访机关不能只听信访人的一面之词，被信访机关提供的情况同样值得认真考虑。同时，信访机关要提出更合理的建议，就必须立足于真实的客观实际。因而并非只在“必要时”才可以要求信访人和被信访机关说明情况，即“进一步核实有关情况”，而是要在每一次处理信访案件时都要认真核实有关情况。信访的基本工作原则是只要有“访”，就要有“查”，有访无查，信访机关就无法进行深入的研究，也就不能找出问题的症结所在。

其次，缺乏被信访人对调查进行配合的规定。现实中很多信访干部为了解真实情况而奔波，但其却受到被信访机关权力的对抗。其实按照现代法治原理，本应当由被信访机关主动到信访机关去说明事实原委才对。由于缺乏对于被信访机关配合调查的规定，往往造成如下流弊：一是信访的事实不容易查清，使信访机关的职能在此受到阻碍；二是信访机关的监督权无法落于实处，形同虚设；三是信访机关的权威可能会遭到被信访机关“合法”的抵制。

可见，调查既是一项信访人解决问题的必要前提，也是信访机关权力发挥作用的必要前提，“没有调查就没有发言权”。但是遗憾的是，条文中只规定在“必要时”和“需要进一步核实有关情况的”才可以向其他组织和人员调查。这说明在公民基本权利与国家公共权力的和谐互动方面，制度设计的技术仍然有待于提高。

2.4.2 对制度设计的结构理念的反思

（一）制度设计不够科学

［条文列举］ 第二条 本条例所称信访，是指公民、法人或者其他组织采用书信、电子邮件、传真、电话、走访等形式，向各级人民政府、县级以上人民政府工作部门反映情况，提出建议、意见或者投诉请求，依法由有关行政机关处理的活动。

采用前款规定的形式，反映情况，提出建议、意见或者投诉请求的公民、法人或者其他组织，称信访人。

第四十三条 对信访事项有权处理的行政机关在办理信访事项过程中，有下列行为之一的，由其上级行政机关责令改正；造成严重后果的，对直接负责的主管人员和其他直接责任人员依法给予行政处分：

（1）推诿、敷衍、拖延信访事项办理或者未在法定期限内办结信访事项的；

（2）对事实清楚，符合法律、法规、规章或者其他有关规定的投诉请求未予支持的。

［条文分析］ 首先，权力是具有方向性和操作性的一种能力。[①]因此，在一个具体的制度当中就应当明确权力的主体和客体，而且使权力在不同的主体之间、不同的客体之间能够对应起来。但从现行条例来看，只规定了什么是信访人和信访机关，却没有被信访人是谁的规定。这样在三个必要的制度主体中就有一个主体处于“半遮蔽”状态，是“三缺一”不完整结构。虽然条例中有“有权处理的

①[美]丹尼斯·朗：《权力论》，陆震纶、郑明哲译，中国社会科学出版社2001年版。

机关”的概念，这一概念指向了被信访机关，但使用这一概念却存在着如下的问题：一是有可能造成语言方面的误解，因为“有权”的对立面是“无权”，这样信访机关的诸多权力在被信访机关的“有权”之下就自然形成“无权”。与之相应的是信访机关就无可选择地成为“有权机关”的“传话筒”。

其次，从“有权机关”权力的性质来看，它本身是一种需要进行控制和制约的权力，而条例当中所规定的“谁主管、谁负责”的原则却排除了信访机关监督权力的实际参与，这就有可能造成信访机关不能在信访过程中发挥作用。

再次，从权力的内容来看，每一项具体的权力都是与法律责任相联系的，但从条例来看，权力却是与法律责任的规定相脱离的。具体体现为：第一，由于被信访机关的主体地位缺位，因而被信访机关的权力范围就没有很详细的规定，在法律责任中自然也就没有与其权力相承接的限制，即第四十三条的规定仅将法律责任指向两种很轻微的、不当行政行为，而对于“有权处理机关”真正的违法行为却没有充分注意。第二，信访机关是一个相对“无权”但却是信访制度的一个重要主体，而在条例的法律责任部分对于信访机关的法律责任的规定却比“有权机关”的责任权重还要大，这样就造成责任分设不公的现象。

可见，条例在权力的设计方面还不够科学。

（二）制度的开放性不足

［条文列举］ 第三十一条 对重大、复杂、疑难的信访事项，可以举行听证。听证应当公开举行，通过质询、辩论、评议、合议等方式，查明事实，分清责任。听证范围、主持人、参加人、程序等由省、自治区、直辖市人民政府规定。

第三十九条 县级以上人民政府信访工作机构应当就以下事项向本级人民政府定期提交信访情况分析报告：

（1）受理信访事项的数据统计、信访事项涉及领域以及被投诉较多的机关；

（2）转送、督办情况以及各部门采纳改进建议的情况；

（3）提出的政策性建议及其被采纳情况。

［条文分析］ 首先，第三十一条将公开听证局限于“重大、复杂、疑难的”信访事项，第三十九条没有将报告向公众公开设定为强制性的规定。这说明对政务公开的发展趋势没有明确的把握。在我们的传统意识中，国家的机密和国家的利益占了很重要的位置。同时，由于信访机关与被信访机关的隶属关系也影响了利用公开的方式进行监督的积极性。但是随着我国法治进程的加快，信息公开的进程也会随之加快。就目前我国现有的法律法规来看，在《行政强制法》《政府

信息公开条例》等多部法律法规当中均已将听证会作为一项重要的制度进行建设。在2004年宪法修改当中，“国家尊重和保护人权”已经写入《宪法》第三十三条。从今后的发展趋势来看，公开是原则，而保密则是例外。因此，公权力的行使必须在阳光下接受监督。

其次，对公开权的影响力没有认识到位。阳光是最好的防腐剂，从监督制度的内在逻辑来看，公开权是监督机关的一项重要权力行使方式，因为公开就意味着受关注、受批评和受监督，并且，公开的内容必须“过硬”，公开的内容、公开的深度、公开的细节、公开的时间都需要行政机关慎重考虑，否则会造成“被动”局面。公开权如果与调查权、建议权有效结合，几乎可以成为信访机关的三个权力“法宝”。

从上面的两个条文来看，信访制度的开放性还不够。

（三）制度体系设计不完整

［条文列举］ 在《信访条例》当中，赋予了信访机关诸多形态的权力，如调查权、建议权、报告权、听证权、支持权、督促权、联席会议召集权及受理、交办、转送、协调、督促检察、研究、指导权。（第三十一条，第三十七条，第二十六条，第三十二条，第五条，第六条）

［条文分析］ 首先，虽然条文中赋予了信访机关诸多的权力形态，但缺少两项最为有力的权力，一是公开权，即指信访机关可以将信访事项的真实情况写成报告并进行公开的权力。二是建议权，即指信访机关可以针对在信访事项中的有关责任人员提出追究责任的建议权。这两项权力，是信访机关所掌握权力中最具有“杀伤力”的权力形态，没有这两项权力，信访机关的权力就是微小的，不足以监督“有权机关”的不法行为，更无力对公民的权利进行有效的救济。

其次，由于缺少重要的权力，信访机关的权力体系就不完整了，这就影响了信访制度的整体功能。可见，从信访制度的整体来看，权力体系的整体性还是有缺陷的。

2.4.3 建构我国信访制度的理念体系

通过前文的规范分析，我们可以发现这样一个基本的道理，那就是在制度设计之前应当进行一定的理念设计。可以说，如果没有统一的、明确的理念体系，就会造成所设计的制度存在各种各样的问题。概括起来说，笔者认为信访制度设计中至少有如下两个层次的理念应该引起未来立法者的注意。

（一）核心理念：保障人权、监督促进公权、追求和谐

1. 保障人权的理念

1997 年 10 月 27 日和 1998 年 10 月 5 日，我国政府先后签署了《经济、社会和文化权利国际公约》和《公民权利和政治权利国际公约》。[①]2004 年修宪，将“国家尊重和保障人权”写入《宪法》第三十三条。2004 年 9 月 19 日，在中国共产党第十六届中央委员会第四次全体会议上通过了《中共中央关于加强党的执政能力建设的决定》，决定更是明确地提出：保障公民检举权、控告权和申诉权的基本原则，健全正确处理人民内部矛盾的工作机制，完善信访责任制的具体实施方案。可见，不论是从我国积极加入“两个人权公约”的国际背景来看，还是从国内发展趋势来看，保障人权的理念已经是一个确定不移的制度性理念。在信访制度的设计当中，如果能从信访人的实体权利和程序权利相结合的角度出发，充分考虑信访人的参与、表达、监督、救济要求，就可能将信访制度提升为我国一项重要的、有特色的人权保障机制，从而能适应我国外交的需要，在国际上树立负责任大国的形象，这样有利于我国更积极地回应美国的人权战略。[②]

2. 监督、促进公权力的理念

国家权力是一柄“双刃剑”，它既有可能造福社会，也有可能给人们“带来不幸”。因此，对于这种具有双向功能的国家权力一般采取两种措施，一方面对其可能产生不良后果的倾向进行控制和监督，另一方面对其造福和服务的倾向则加以促进和完善。对于信访制度来说，信访机关所拥有的权力恰恰是“一种间接的、第二层位的、柔软的、综合性的政治权力”。[③]因此，一方面，它具有监督公权力的功能，但同时这种监督又不是外在的、对抗式的监督。信访事项的解决往往以和平的方式，如协调、指导、斡旋、督查等“软行为”的方式解决，这就

①莫纪宏：《两个国际人权公约下缔约国的义务与中国》《中国国际法学精粹2003年卷》，机械工业出版社2004年版，第5页。

②美国的对华总战略是“接触战略”。在这一战略的统领下，美国制定了各种具体战略，其中人权战略是最重要的次战略。美国的人权战略严重地影响着中国的政治安全。如果美国的人权战略得逞，中国现行的社会政治制度将会解体，政治、社会将陷入严重动乱，国家结构也将因此走向解体。因此，要充分认识美国人权战略对中国的危害性，制定相应的对策，粉碎美国对中国实行和平演变的企图。参见王林霞《美国对华接触战略与人权战略》，载《当代世界与社会主义》2005年第6期，第110页。

③田文利：“信访机关权力的理念探索和实证分析”，载《国家行政学院学报》2006年第1期，第36页。

决定了信访制度的设计中需要保持一种对于权力的理性态度：既不能放弃对具有“危险性”的公权力的监督，又必须防止对其“造福性”功能的限制。在这样的设计理念下，信访一方面可以起到对公民反映的滥用公权力、侵害社会利益和公民利益的现象要加以严格监督和控制的作用，一方面对于有利于发挥公共管理职能的建议则要主动听取，虚心接纳，起到既具有监督作用、又具有弥补制度漏洞功能的作用。

3. 追求和谐的理念

在一个既定的法律制度当中，和谐的精神应当受到足够的关注。和谐并非外在于制度，而是内在于制度中的。在宏观层面上，和谐理念是指制度是否与宪法理念和政治结构相一致；在中观层面上，和谐理念指制度是否与其他的制度相协调；在微观层面上，和谐理念则要求制度内部的子系统之间要合理衔接。同时，从制度的内在要求上还应当以人为本，关怀和尊重人的价值。总之，对于信访制度的设计而言，信访要与我国的政治体制相协调，与我国司法体制相协调，在此基础上，还要使信访制度在内部组成上成为一个自洽的制度整体。信访是以化解矛盾、平息纠纷、促进团结、建设和谐社会为最终导向的，信访是一个以和谐的方式建设和谐社会的制度。因此，在这个意义上，和谐就应是信访制度设计者不能放弃的理念之一。

（二）系统理念：科学、开放、整体

1. 科学的理念

在庞大的法制社会学体系中，法律是作为一种“社会工程”而存在的[①]，因此作为社会工程的法律本身就是一门科学，法律制度的设计就更是一门科学的科学。一个法规范意义下的制度实际上决定了人们未来的行为模式。立法者设定的这种制度将在未来一段时期影响人们的生活，这种影响是如此的深远，以致后人陷入一种不得不遵从的境地。因此，作为制度设计者的立法者不可以不慎重，不可以不警醒。具体到信访制度的设计来说，科学的理念体现在三个方面：一是以实事求是的原则认识信访的现实状态，于客观现实中求证信访的性质、定位、目的和价值；二是以科学务实的精神设计信访制度的具体运行规则和程序，切实提高信访的效率；三是以合理性的标准深入探究信访制度与其他相关制度的分界线和职能分工。

①[美]罗斯科·庞德：《法律史解释》，邓正来译，中国法制出版社2003年版，第1～75页。

2. 开放的理念

开放的理念具体表现在三个方面：第一，就制度的外在维度而言，不管是国外的还是国内的，也不管是古代的还是现代的，只要是有效合理的制度，并且对于解决现实问题有所帮助，都可以采取拿来主义的方式，积极消化吸收，为我所用。而对制度的内在维度而言，制度参与者就应当成为制度设计时的对象，使尽量多的公民参与到制度的设计中来，使公民有机会向国家提出个人需求，使信访机关有机会对国家的政策和制度进行监督。对于这一维度，信访制度的设计者可以参照国外的监督专员制度和苦情处理制度来设计我国的信访制度。第二，制度的设计者更需要从心态上开放，要敞开民主的大门，欢迎公民参与国家公共生活，使其成为制度的建议者和促进者。“从国外行政法律制度的历史发展轨迹来看，直接体现现代参与民主精神的行政法律制度不断出现，如立法参与、执法参与、审议会、陈述申辩、听证、民意测验等”①，信访制度同样需要这些开放性的具体制度。第三，制度之间的开放性，在这一维度下，就要走出信访看信访，不能搞制度上的封闭主义，不能只用信访的观点看信访，而要跳出信访看信访。在这样的理念下，制度的设计者可以从结构上将信访制度设计为一个可以具有多种功能的制度，使信访制度成为对立法、执法、司法都具有开放性的制度。

3. 整体的理念

整体的理念是指制度的设计者要有一种宏观的把握能力，一方面，掌握具体制度的每个细节，使具体的制度在逻辑上、原则上和内在条理上具有完美的一致性；另一方面，还要清楚地知道这一具体的制度在更大的、整个的制度系统当中的作用和价值，使具体制度与其他的制度相配合一致。具体到信访设计而言，应当充分认识到信访的组织机构设计、职权责任设计与信访案件处理过程及结果都是有直接关联的。从制度的整体角度来考虑制度的设计，往往能够在制度的各个部分之间建立起协调与合作，这正是制度设计者所应当追求的最终目标。我国信访制度从组织分布上讲，既有人大和政府系统的信访机构，也有法院和检察系统的信访组织机构，而这些组织之间的关系却没有明确的规定，因此如何将分散的组织整合起来就是对于制度设计者的考验。同时，信访制度作为一项重要的民主制度和法律救济制度，它与我国的政党制度、法律制度、经济制度等亦有所关联，如何在不同制度的交叠错落之处寻找信访制度合适的自在空间，也是对于制度设

①莫于川：《从行政集权走向行政民主——我国行政法的民主化趋势分析》，载《重庆邮电学院学报》2005年第6期，第799页。

计者智慧的考量。

2.5 信访制度改革的模式选择

2.5.1 信访制度改革的背景与必要性

信访是我国社会主义建设过程中的一项具有中国特色的制度。它是人民群众依法行使民主权利，管理国家事务，管理经济和文化事业，管理社会事务和维护自身合法权益的重要形式；是国家机关发扬社会主义民主，听取人民群众意见、建议和要求，接受人民群众监督的重要渠道。我国目前正处于关键的社会转型时期，改革中产生了许多问题，如法律不完备、执法不严、司法不公和政策偏失等，这些问题都通过不同渠道汇集到信访部门，使信访成为社会公众关注的焦点。但人们发现，在众多的矛盾面前，原来寄托希望的信访制度已经滞后于时代发展，表现出对解决问题的不力和不适应。这种局面如果持续下去，不利于推进依法治国的方略，也不利于我国国际地位的提升。故应对信访制度进行大力整合，以制度创新来回应现实的挑战。

从国外的情况来看，继瑞典首次建立申诉专员制度之后，芬兰、挪威、英国、加拿大、法国等很多国家纷纷效仿，或者建立议会体制下的监督专员制度，或者在行政机关内部设立相对独立的行政监督专员机制，甚至在欧盟这一超国家的联合体当中申诉专员制度也得到采用。这一世界性的发展趋势为我们进行制度创新提供了良好的制度模版，但在制度背景、政治文化、法律文化、基本国情以及面临的现实问题上与我国信访制度还存在诸多不可比性，因此如果不考虑我国的特殊宪法体制和政治法律文化背景，无法真正将各国制度的精华提取出来，难以创立适合我国国情的信访制度。因此，笔者认为不论提出何种改革方案，都应当符合一个标准，那就是新的信访制度一定要与我国现实的民主环境、法治目标以及宪法体制相吻合。目前我国学者一般在“法治”与“人治”相对立的语境下探讨信访制度，认为信访兼具“法治之友”与“法治之敌”的两面性，[①] 对此，笔者认为信访制度的研究要避免进入如下误区。误区之一是设想信访制度解决所有的

①应星：《作为特殊行政救济的信访救济》，载《法学研究》2004年第3期。[并以此为前提，或者提出将信访纳入法治化轨道，或者主张干脆取消信访，另建他制。]参见赵凌：《国内首份信访报告获高层重视》，载《南方周末》2004年11月4日第7版，文中多次引用中国社会科学院研究员于建嵘的观点。

问题，将政治、经济、社会、法律所有的问题全部推给信访解决。误区之二是让信访成为一种十分专业化的法律制度，规定严格的法律程序，清清楚楚地将政策等处于边界的问题剔除出去。误区之三是让信访仅仅成为信息通道，而将信访的救济和监督功能分别交给法院和检察院以及行政监察部门。笔者认为之所以存在这样的误区，主要是由如下原因所导致，一是没有站在我国的宪法背景之下，没有全面地了解我国宪法制度的特点，将三权分立体制下的运作模式机械地套用于我国；二是只看到信访制度的一个方面或一个局部，没有与我国立法体制、行政体制、司法体制以及地方制度相协调；三是将信访制度目前表现不佳的功能当作信访不应当具有的功能而简单地加以抛弃，将本来有多种功能的制度变成没有实在生命力的制度“稗壳”。

综上所述，要使信访制度获得较大的改进，首先要用历史唯物主义的观点，辩证地看待现实制度，注重研究信访制度本身的法理基础，区分表象和本质、实然与应然；同时以目的论的观点，从信访制度所要实现的保护公民合法权利、改善国家权力体系这两个基本点出发，理顺二者之间的关系，最为重要的是，采用系统论和过程论的观点建立新的信访制度体系，使其在我国特殊的国情和宪法背景下，与现有的行政复议、行政诉讼、行政监察等专项法律制度相衔接，在较小的社会震荡、较少的资源投入的情况下逐步走向完善。

2.5.2 信访制度建构的理论分析

（一）信访制度的概念

1995 年颁布的《信访条例》将信访界定为：公民、法人和其他组织采用书信、电话、走访等形式，向各级人民政府、县级以上各级人民政府所属部门反映情况，提出意见、建议和要求，依法应当由有关行政机关处理的活动。而 2005 年 1 月 17 日国务院修改的《信访条例》基本上沿用上述表达方式，将“公民、法人或者其他组织采用书信、电子邮件、传真、电话、走访等形式，向各级人民政府、县级以上人民政府工作部门反映情况，提出建议、意见或者投诉请求，依法由有关行政机关处理的活动”，作为行政信访。而从广义的信访来说，信访还包括信访人向各级党委、人民法院、人民检察院以及国有企业机关进行的信访。自新中国成立以来，信访成为联系党与人民、国家与公民之间的桥梁，在国家的政治、经济和社会各项事业的建设当中发挥了积极的协调、沟通作用，成为社会主义民主和法治建设的重要阵地。

根据信访的发展历史，结合当代救济制度发展趋势并结合我国国情，本书将信访制度界定为：公民和组织在其合法权益受到各类公权力侵害致损时，有权采用书信、走访等方式，向信访机关反映事实、表达意愿、要求赔偿、提出建议，信访机关通过直接或间接的各种方式给予协调、督促和帮助，促成其获得及时有效的权利救济之法律制度形式。信访制度是其他法定救济制度的重要补充。

（二）信访制度的调整范围

如下事项，可以作为信访制度的调整范围：

1. 在没有向行政复议、行政诉讼、行政监察机关以及检察机关提起申诉、起诉或控诉之前，信访人可就有关人员的违法、失职及不公或失当的行为向信访机关寻求救济。

2. 在行政复议、行政诉讼、行政监察机关以及检察机关的审理、判决和起诉等行政或司法程序终结之后，信访人认为行政或司法过程中有关人员的违法、失职、不公或失当行为有所不满时，也可以向信访机关再次寻求救济。

3. 对于行政机关、行政复议机关、法院、行政监察部门或检察院不予受理的案件，在上诉或复议之后仍得不到受理时，信访人可以向信访机关寻求救济。

4. 对于不合理的政策、抽象行政行为或具体行政行为，信访人可以向信访机关寻求救济，并可提出建设性意见。

5. 信访机关可就立法、行政和司法制度中的不合理之处给予相关机关以批评或建议。

（三）信访人的权利

信访人的权利，从规范的角度来看，是公民和组织在其基本权利受到公权力（立法、行政和司法）侵害时，以书信和走访的形式反映事实、表达意愿，要求国家给予有效救济的权利，同时信访人有权就国家机关工作人员的行为作出积极或消极的评价。这一概念当中包含着如下的关键要素：

1. 信访权利首先是一种寻求救济的权利。在宏观层面，它属于一类诉权，与民事诉权、刑事诉权和行政诉权、行政复议申请权、民事仲裁申请权等程序性权利有着相同的属性，其共同的特征是公民和组织可以由这一权利直接要求相应的国家公权力机关对于自己受侵害的事实给予救济。

2. 在信访权利这种形式意义上的权利背后，还隐藏着其他众多的权利群，这些等待救济的权利包括公民权利、政治权利、经济权利和社会权利。[1]

3. 信访权利是一种动态的民主权利，公民除了通过选举制、代议制、复决制等方式参与国家的生活之外，还可以通过这种权利来保持日常当中对于国家生活的参与。

4. 信访权利从结果上说，具有双重性，一是直接实现了对私人权益的救济，二是通过这种争取权利恢复正义的过程而间接地实现了对国家公权力机关的监督和制约。

总之，信访权利是一项重要的民主权利，它为我国宪法所确认，具有一种复式的包容结构。从表面上看，信访权利是程序性权利，但它却以实现实体权利为根本目标，正是这种复式的结构，使权利行使的结果一方面使公民受侵害的基本权利获得恢复和救济，同时使产生侵害结果的国家机关受到监督和约束，政府以此可以改进服务、提高效率。这项民主权利与公民的其他民主权利相比，更富于动态性，它更侧重于从日常生活和具体的案件中建设国家与公民之间的关系。同时，与其他的救济性权利相比，信访权利救济范围更加全面，公民通过行使信访权利，可以得到比行政复议和行政诉讼更多的救济机会。

2.5.3 信访制度改革模式选择

基于上述分析讨论，笔者提出我国信访制度改革举措的三种构想供选择参考：

（一）集中统一模式——大改模式

所谓集中模式，是指将现在分散的信访机构统一起来，形成一个专门处理信访个案的专门委员会。具体来说，可以以国外的议会监察专员制度或行政监察专员制度作为参照，建立我国的信访委员会制度，将其集中放在全国人民代表大会和地方各级人民代表大会之下，与人大的其他专门委员会相并列。信访委员会受理行政机关、司法机关的执法和司法行为是否合法、是否合理的各类案件，以调查、报告、公开、建议、调解等方式指导行政机关和司法机关以更有效率的方式作出更符合信访人合法利益的改进建议和指导。这种建议和指导不具有当然的法律强制力，但其结论应当公开并受到有关国家机关的尊重。信访人有权在行政复议或行政诉讼之前、之后向信访专员寻求救济，但在行政复

①关于基本权利的分类，请另参见韩大元主编《比较宪法学》，高等教育出版社2003年出版，第161页。

议和行政诉讼程序之中则不得进行，除非法院认为不属于其受理范围而予以驳回的情况。上述构想的理由是：

首先，这种模式与我国宪法相符合：（1）我国《宪法》第二条规定：中华人民共和国一切权力属于人民。人民行使国家权力的机关是全国人民代表大会和地方各级人民代表大会。人民依照法律规定，通过各种途径和形式，管理国家事务，管理经济和文化事业，管理社会事务。宪法的这一规定，说明我国的权力机关——各级人民代表大会，是人民行使当家作主权利的机关，同时宪法还为人民参与国家生活规定了广泛的参与渠道，上述规定恰恰与信访制度的实质目标相吻合。（2）我国《宪法》第三条规定：中华人民共和国的国家机构实行民主集中制的原则。国家行政机关、审判机关、检察机关都由人民代表大会产生，对它负责，受它监督。具体而言，人民代表大会享有选举权、罢免权、质询权、立法权、调查权、审议权等专项权力，这些权力的行使必须以民意和事实为基础，而信访个案则正好提供这样的案件事实和民意信息，从而可以与人民代表大会制度相衔接。（3）我国《宪法》第七十条规定，全国人民代表大会设立民族委员会、法律委员会、财政经济委员会、教育科学文化卫生委员会、外事委员会、华侨委员会和其他需要设立的委员会。这一条说明我国人民代表大会下设的委员会可以按分工设置，这就为信访委员会的建立留下可操作的空间。

其次，这种模式有利于信访制度发挥功能优势：（1）信访委员会设在人大，有利于发挥信访的信息沟通功能，便于人民群众反映民情民意，及时将好的建议提供给立法机关，制定出更加科学、更加合理的政策和法律。（2）从信访的机构设置来看，可以脱离行政权力和司法权力的干涉，保持相对独立性和客观性，一方面利于对公民的合法权益进行救济，另一方面也方便对行政机关和司法机关进行监督。（3）信访委员会成为专门受理信访案件的机关，有利于信访事业向专业化、规范化和现代化的方向发展，这样可以集中处理热点、难点问题，节省社会资源，提高工作效率。

再次，这种模式有利于国家的稳定和发展。目前我国正处于社会转型时期，新的制度还没有完全建立起来，旧的制度还在不同程度上发挥着作用，因此就更需要有一种开放的、灵活的机制来协调各种矛盾，减少对国家制度的冲击力，确保社会的稳定和发展。在这样的前提下，建立一种稳妥的制度来吸纳社会的不满，促进社会公平就显得尤为必要。对于信访制度来讲，其汇集信息、舒缓矛盾、矫正不公的制度功能正好可以发挥优势。

信访委员会的定位是作为关心民间疾苦、听取人民意见的渠道，向人民提供简便、高效的权利救济，监督国家机关合法公正地行使国家公权力，协调国家机关之间的矛盾冲突。因此，信访委员会制度的主要特点可以概括为：（1）以尊重和保障人权为制度的根本目标，为信访人提供高效而便捷的救济。（2）信访的主要目标是解决问题、救济权利、提高效率，而非找出违法行为和失当行为的罪魁祸首。（3）信访委员虽无直接作出具有强制性决定的权力，但其具有法定的调查权，责令被信访机关作出书面报告的权力，以及公开调查报告的权力。（4）信访委员受理的案件范围十分广泛，使社会基层的不满和不公正可以有渠道得到发泄和纠正。（5）信访委员制度可以对执法和司法起到补充作用和监督作用。一方面信访委员可以受理没有向行政或司法机关寻求救济的行政申诉或起诉的案件，并可以以调解的方式处理违法和行为失当，减轻司法系统的压力；另一方面，信访对于进行过司法救济的案件仍有权力进行再次处理，起到监督司法的作用。（6）信访委员不会造成对行政和司法的干涉。因为信访委员不受理已经处于司法程序之中的案件，同时由于信访委员不具有执法权和决策权，因而不会对行政权和司法权造成干涉。（7）信访委员可以以报告的形式向立法机关、行政机关和司法机关提出建议，对于国家的制度构建缺陷提出改善意见，完善国家整体的制度架构。（8）信访委员解决问题的手段是灵活多样的，可以采取包括转办、督办、调解、和解、奖励、批评、建议、调查、公开、安慰、抚恤等多种方式。（9）信访委员会不受理民事案件，不涉及国家安全、军事等国家事项，已经处于行政、司法等程序之中的事项或案件，信访委员会也不受理。

（二）以点带面的整合模式——中改模式

所谓以点带面的整合模式，是指将现在人大的信访机构作为总协调点，统一受理信访案件，而其他部门的信访机构则作为人大信访机构派驻的工作部门，建立一种以人大信访为中心、各部门信访为具体负责办事机构的联合模式。这样设计的理由是：

首先，目前我国人大和各国家机关几乎都有信访机构的设置，现成的组织和现成的人员是进行整合的现实基础，而将人大的信访作为信访体系的中心也有宪法上的依据。

其次，这样的模式与我国目前的信访制度容易接轨。我国目前的信访机构分散于各个国家机关，但各信访机关之间却没有工作联系，信访案件的处理效率十分低下，这就不利于信访制度统一优势的发挥。将人大的信访机构作为主要负责机构的同时，再辅以各部门的信访机构，统一对人大的信访委员会负责，这样配置的合理性在于可以将信访资源进行统一的调配，形成一个比较完整的信访处理体系。

再次，这种模式的另一个好处是使现在不独立的信访机构相对地超脱出来，不再对原来的国家机关负责，从而为信访的公正和效率提供组织上的保证。

（三）分别改进的分散模式——小改模式

所谓分别改进的分散模式，是在维持目前多系统并存的信访格局前提下，制定统一的信访程序法，将信访案件的受理、处理、终结等一般过程以法律的形式规定下来，亦即以法律为形式统一各部门的信访行为，不求机构的统一，但求整体行为的协调一致。这样设计的理由是：

首先，目前我国没有统一的《信访法》，而只有国务院的信访条例和某些部门的信访规范。信访机构的层次不一，权力不一，如果制定出统一的信访程序法，就可以在各部门之间进行信访案件管辖分配，按照“谁主管、谁负责”的原则处置，可以防止信访案件的交叉，从而提高工作效率。

其次，这种模式与我国目前的信访格局最为接近，实施起来也较为方便，可以节省社会资源。

综合对比上面三种模式，笔者认为从长远考虑第一种模式最为理想，这种制度的设计对于增强民主、提高效率、扩大人民代表大会的职能、增加国家宪法制度整体的稳定性和合理性都有可取之处。但是这种模式是一种高层位的宪法制度改革，因而需要的前提条件也是很高的，一是需要配合我国的人大体制改革，二是需要培养和挑选高素质的信访专业人员，三是需要一定的过渡时间。相比之下，第二种模式则稍微现实一些，这种设计直接以我国现阶段的信访制度为基础，突出在各种信访机构的断裂处和交叠处进行整合，明确主从关系，从效果上看，这种模式也可以基本上形成一个统一的局面。第三种模式侧重于从信访的内在处理方式上进行统一的规范化，在明确分工的基础上进行程序上的统一。如果说前两种方式是外延式的整合模式，则第三种可以看作内涵式的整合模式。就我国目前情况而言，第二种模式和第三种模式都具有一定的可操作性，并且这两种模式都可以与第一种模式在未来的时期里互相衔接，同时也都可以作为建立第一种模式的准备条件。

第 3 编：制度设计研究

信访工作的职能类似于人体的免疫系统，可以发现有害物质并立即清除，使人体恢复健康。人体没有免疫系统是十分危险的，一个国家的法律制度也同样如此。

信访本来以“下情上达、了解信息、转交信件”[①]为最初定位，是为加强党与群众联系而采取的临时性应对方案，各级“信访办”以接待来信、来访为最初的职能。但伴随着新中国的发展，信访已经成为当前具有中国特色、被人津津乐道的制度。

3.1 重构以监督修复为导向的信访制度

就目前我国的信访制度而言，人们都在质疑信访定性问题，到底是一项什么性质的制度？不论是在理论界还是在实务界都有不同的声音。如果从公民权利救济角度来看信访，信访与行政复议、行政诉讼制度等都是权利救济的必要程序，既然已经有了行政和司法的权利救济方式，还要信访做什么？而从公权力角度看信访，信访又与纪检监察、国家监察、司法检察等权力监督模式类似，既然已经有了这么多的监督形式，那又何必再添一个信访呢？因此，很多学者主张取消信访，特别是随着信访量的不断增多以及信访带来的种种社会问题，这种声音似乎越来越主导人们的想法。

但笔者认为，我们还应当换一个角度、从更高层位来看信访，才能从现实的束缚中跳脱出来，从而找到信访制度改革的新出路。首先，从信访的宪法定位来看，信访是一种具有宪法意义的民主监督形式，它直接来自人民群众的监督，信访既不同于公权力的监督，也不同于体系内的自我监督，因此，我们不应仅仅看到它的法律功能，更为重要的是还要看到它的政治功能。一言以蔽之，信访是一种高层位的监督模式。其次，从信访案件来源来看，它产生于立法、执法和司法的整个法治过程，范围十分广泛，而信访的受理条件也异常宽泛。这表明信访是一种综合性和超越性的监督模式。由此，笔者认为，信访制度的改革路径应当从宪法的民主监督视角入手，在我国完整法治体系中谋求信访的准确定位。

3.1.1 国家权力体系中的民主监督制度的问题

正如一个健康的机体必有一个功能强大的免疫系统，一个正常的制度体系也需要有一套功能强大的监督系统，这个系统是为保障其他立法、执法和司法系统的正常运转而存在的。

①马怀德：《是“信访”还是“信法”》，载《学习月刊》2010年第2期。

（一）信访监督的基本原理

法治是价值、规范和事实的动态统一体原理告诉我们，法是存在于价值、规范和事实三个不同界域中的统一体。价值、规范、事实，这三者的统一构成了法的动态的生命。在价值转变为规范的立法过程、规范转变为事实的执法和司法过程之后，非常可能出现立错法、执错法和判错案的情况，一旦出现上述情形应当如何进行更正呢？因此，需要特别的监督制度设计，信访制度就可以充当这样特别的监督机制。而如果缺少这样一个反思修正机制，就会导致各种错误越积越多。最终制度整体的功能就会失常、甚至崩溃。

（二）信访监督是民主监督、制度监督、就事监督、外部监督

首先，信访监督的主体来源于访民，这些访民来源于人民群众，这是中国最广大、最有智慧的政治根基。可见，信访这种民主监督是最有力的监督形式。其次，信访监督的客体是作为整体的制度及其运行，信访可以起到监督立法制度、执法制度和司法制度的重大作用。这种整体的监督功能是其他任何监督形式所不具备的。再次，信访监督所针对的对象是一个个具体的事件，是“论事不论人”“对事不对人”的，是以具体的“问题”为导向的。这一点使得信访监督与监察委员会针对具体人员的监督形式区别开来。[①] 最后，目前由于信访机构是立法机关、行政机关和司法机关的内设机构，既无独立的法律地位，也没有独立的职能，更没有专业信访人员，不能发挥制度监督功能。而如果将立法、执法和司法机关内部信访机构进行整合，成立统一的信访案件处理机关，一个与监察委员会平级的信访委员会，信访就可以成为一个外部的监督方工，克服“自己监督自己”的悖论式逻辑陷阱。

3.1.2 目前信访制度格局中显示的问题

（一）封闭的结构与附属的地位形成自我监督模式

我国信访制度的总体格局是一个以大信访套小信访的双重结构模式。大信访

①《中华人民共和国监察法》第十五条规定：“监察机关对下列公职人员和有关人员进行监察：（一）中国共产党机关、人民代表大会及其常务委员会机关、人民政府、监察委员会、人民法院、人民检察院、中国人民政治协商会议各级委员会机关、民主党派机关和工商业联合会机关的公务员，以及参照《中华人民共和国公务员法》管理的人员；（二）法律、法规授权或者受国家机关依法委托管理公共事务的组织中从事公务的人员；（三）国有企业管理人员；（四）公办的教育、科研、文化、医疗卫生、体育等单位中从事管理的人员；（五）基层群众性自治组织中从事管理的人员；（六）其他依法履行公职的人员。”

指的是党委、人大、政府、法院、政协、检察院、军队等所有国家机关所设立的信访机构接待信访人并处理信访事项的活动，大信访已经成为我国民主监督制的一种必要形式。而小信访，则是指每一个党委、人大、政府和法院、政协、检察院、军队等系统内部设立的信访机构，以接待信访人并处理信访事项的活动。从我国信访体系来看，虽然各个党政机关及国有企业内部都设有信访机关，但它们仅仅是信访机构，不具有独立的法人资格，不能独立承担法律责任。信访机构在关系上隶属于同一级权力机关，功能上属于附属性机构。因而，这些小信访机构只能按照本部门的信访规定去处理信访事项，即人大有人大的信访规定，行政机关有行政机关的信访条例，而法院和检察院也有各自的信访规定。在这样的格局下，信访机构只对本部门、本系统的信访事件负责任，彼此之间也没有统一的机构和配合机制。实际上是一个大信访中包括了几个封闭的小信访体系，而小信访体系又是作为一项权力的功能附属于同一级权力机关。这样的模式最终导致的结果是自我监督和单一解决方案的无效。

（二）单一的线式结构使自我监督也不能发挥作用

在自我监督模式之下，如果将权力交给信访机关，会形成一个信访机关在上、而信访人和被信访机关在下的三角形的权力模式，从而产生相对客观的监督结果。而遗憾的是，由于信访机构的封闭性和附属地位，我国在信访机构的处理程序上，设定了一个垂直的线式权力结构模式，最上面的是被信访机关，中间是信访机关，最下面的是信访人。按照信访的处理程序，信访机关对于信访人所提出的信访事件只能转交给有权机关，而不能亲自处理，因为信访机关没有专项权力，因此不能越权直接办理。在转交之后有权机关往往又按照以前的处理方式，甚至以变相报复的处理方式拖延不办，即使信访机关再次督办，也常常拿处理结果没有办法。而信访人又不认可，于是又会发起新一轮的信访“人民战争”，使信访不断升级为安全事件。

（三）监督无效产生不断深化的社会矛盾

从法治社会的整个体系来说，凡是信访人所反映的问题，往往具有综合性，有的是法律和政策交织的问题，有的是立法和执法叠加在一起的问题，有的是立法、执法和司法三种国家权力交叉的问题，而即便是单一权力的作用，也往往经过若干层级的权力作用。因而，这种需求与我国目前权力单一、结构封闭的信访模式很难吻合。因此，很多信访人从司法上访到行政，再从行政上访到人大，同样一个问题，在不同的部门里穿行打转。而对于一个信访案件，又不可能几个部门坐在一起研究，拿出一个统一的方案，这样案件越积越多，越来越重复，形成缠访、越级上访。而信访人的不满意又诱发了整个社会更深层次上的冲突，如公务员升迁问题、责任追究问题及稳定问题等。在这一轮信访过程中，信访人往往从人数上、级别上、程度上都有所增强，而政府为了更深一层的长远利益不得不去截访、送精神病院、进行治安拘留等，使得上访人再次将这些事件引向人命案、责任案、腐败案等，最终导致信访人与信访机关和被信访机关越来越对立，使得政府用于维护社会稳定的费用不断增多，而信访人也面临越来越多的人身危险和社会压力。

3.1.3 信访是中国特色的监督模式

我国的国家机构体系是按照传统的苏联模式设计的，在人民代表大会作为基本政治制度的基础上，立法、执法和司法权力之间呈现出“一个中心、两个基本点”的局面，执法机关和司法机关都产生于人民代表大会，并对其负责。这种结构模式的特点是在国家权力之间，纵向的控制力量强，而横向的制衡力量则相对较弱。这种权力模式的优点是集中力量，一旦上级引领方向正确，速度非常快。这一点从我国改革开放以后经济的高速增长可以得到验证。而这种模式的弱点也同样明显，一旦方向错误或者机制错误，那么基层单独的权力机关和地方的权力机关解决问题的能力就会很差。而在这种模式下，一旦出现问题也会从基层一直反映到中央，因为基层的力量弱于中央的力量。因此笔者认为，我们应当将国家信访的监督功能单独列出来，集中起到协调、制衡、监督、纠正的作用，成为一种克服权力高度集中、问题高度集中的缓解方式，重点处理这种高效机制中产生出来的问题，修复机制中的错误，从而保持机制的稳定。

对人大的信访来说，实际上是想否定和修改既定的法律和法规；对政府的信访来说，是想否定和修改既定的行政行为的结果；对司法的信访来说，是想否定和修改司法判决的结果。由此，笔者认为，信访的本质在于信访人通过信访活动借助国家权力对某些国家权力已经形成的既定事实进行否定和修改。这种行为，应当属于我国《宪法》第四十二条所规定的一种民主监督形式。

由于我国目前信访的分散、低效局面，笔者认为可以将信访在民主监督的理论框架下进行重构，具体来说，将上下级之间的监督、检察院的监督、行政监察、执法监督、事前监督或者事后监督作为权力体系内部之间的监督方式，而将信访监督作为综合监督、全面监督、外部监督、专业监督、事后监督方式，将人大信访、政府信访、法院信访和检察院信访合并为一个综合的国家信访委员会，使这一机构与政府、法院和检察院处于同一宪法地位上，具有独立的法律地位，配备专业的信访人员，专门负责信访事件，信访主任由人大产生，对人大负责；内部设立立法信访、政府信访、司法信访、检察信访等不同的内部机构，专门解决不同类别的信访事件。

这种统一设立国家信访委员会的模式，从宏观上来讲，可以与我国目前现有的宪法体制相衔接，使人大、政府、法院和检察院专业专职，将精力从信访中解脱出来，使信访制度成为一种具有中国特色的民主监督制度，真正做到权为民所用、情为民所系。从微观上来讲，这种模式还有以下四个方面的合理性：

第一，形成一个独立的信访监督机关，容易发挥民主监督的作用，克服自我监督的弊端，确立监督机制的科学性。

第二，形成一个综合性的信访监督机关，发挥统一优势，克服分散、重叠、重复的处理模式。

第三，形成一个动态的信访监督模式，将立法、执法和司法过程中的问题呈现出来，针对具体问题，提出专业解决方案，在保持制度稳定性的同时，进行有效的更新和完善。

第四，形成一个整体的信访监督模式，补足我国宪法制度中所缺少的外在监督机制，使法治过程成为一个全面的、具有修复功能的有机整体。

3.1.4 信访制度法治化建设框架

根据以上对信访制度的分析，笔者认为，我们应当将民主监督的理念嵌入信访制度，在宪法的法治层面进行全方位的建构和调整。具体而言，应在如下几个方面需要对信访制度进行法治化建构：成立独立的国家信访委员会；信访委员会内部设立立法信访、执法信访和司法信访等专职机构；设立职业化的信访专员制度；建立三角形的信访事件处理结构；以受理立法、执法和司法中出现的问题为信访职能；给信访委员会配备现代化的权力体系；建立冷却、缓解、修复、调解、等待、救助、安抚制度；信访委员会的合议庭组成实行开放式的组合；将信访的实体性审查和程序性审查分开处理；信访实行终极封顶的申诉制度；信访委员会不收取任何费用；信访委员会重在解决问题而非追究责任。

3.2 建立以民主为基础的信访制度

如同政治学家罗伯特·达尔所论述的那样，“民主国家的一个重要特征，就是政府不断地对公民的偏好做出响应，公民在政治上被一视同仁。……为了让一个政府在一段时间里持续地对（政治上一视同仁）公民的偏好做出响应，所有的成年公民都必须拥有以下充分的机会：明确阐述他们的偏好；通过个人和集体行动向其他公民和政府表明他们的偏好；使他们的偏好在政府行为中受到同等的重视，也就是说政府在考虑这些偏好时不因其偏好的内容或偏好由谁提出而加以歧视。”① 这虽然是对一般民主国家的政府与人民之间关系的描述，但从信访的角度来看，恰恰反映出信访制度的民主品格。我国宪法规定，一切权力属于人民，中国共产党是执政党，政府是实现国家治理的合法机构。在这样的制度逻辑下，民主性成为我国信访制度鲜明的政治属性，因而民生的问题也就成为民主性在信访制度里的自然延伸和落地表达。因此，信访就成为事关执政党执政之基、事关政府行政之规、事关人民群众之生的头等大事。可见，政治民主性是信访制度最坚硬的内核，以致于政府的信访治理、访民正义的诉求与中央的考核评价都嵌套在这一逻辑中。② 可以预见的是，信访制度在相当长的时期内，将会持久地存在并发展下去，甚至还会有浴火重生的转机，并不是其他什么力量、什么理论就可以轻易撼动的。不懂得这一点，就不能理解为什么我国信访制度的运作呈现出非制度化、非程序性、非规则化等机会主义特征。③ 但那些访民就是乐此不疲地上访、缠访、甚至闹访，而各级信访机关仍然不怕麻烦、不辞辛苦、不惜代价地接访。细细品味其中微妙之处，可能执政党的执政理念使然，可能是访民的现实生活使然。正如王浦劬教授所说“信访制度的基础实则可以归纳为国家和政府需求、社会和公民需求这两个相互辩证联系的基本方面。”④ 简言之，信访是我特色社会主义制度的“刚需”。

---

①Robert A Dahl，Polyarchy Participation and Opposition．New Haven，MA：Yale University Press，1971，p1.

②于建嵘：《机会治理：信访制度运行的困境及其根源》，载《学术交流》2015年第10期。

③于建嵘：《机会治理：信访制度运行的困境及其根源》，载《学术交流》2015年第10期。

④王浦劬：《以治理民主实现社会民生——我国行政信访制度政治属性解读》，载《北京大学学报（哲学社会科学版）》2011年第11期。

3.2.1 关系视域导出信访制度建构新思路

目前我国的信访制度已经成为一个热点问题，很多专家学者提出多种选择方案，其中亦不乏阐发幽微的洞见。笔者拟在诸多方案之外再提一点粗浅的认识，以供读者进一步批评指正。笔者认为，目前我国信访反映出来的问题固然很多，但问题的实质和难点其实并不在信访制度本身，而在信访之外的其他制度及其运行过程中所存在的种种欠缺。所谓信访事件，从实质上来讲，只不过是其他制度没有解决好或者没能处理好的事项转而再次向信访机关寻求重新处理。通过对现实信访案件的观察，人们不难得出这样的结论：在信访制度的背后，至少蕴含着三个重大的关系，首先是国家权力与公民权利之间的关系；其次是国家权力之间的关系；再次是由上述两重关系而间接关联到的公民与公民之间的权利关系。在承认上述事实经验的基础上，笔者主张在对信访制度进行“个体”研究的同时，还要注意从信访与其他相关制度的关系的角度进行考察，也就是采取一种“走出庐山看庐山”、走出信访看信访的思路。在这种新的视角下所看到的就不单单是信访制度这一单独的制度实体，而是信访制度与其他制度相互关联而组成的整体。这种思维进路的哲学依据是西方的主体间性理论①，该理论的突出价值在于通过关注和改善主体之间关系而使原来的制度的主体功能得到全面的更新，进而提升制度的整体水平。主体间性理论之所以能够超越主体理论而成为建构法律制度的理论基础，其重要原因在于法的本质属性。郑永流先生对此曾有过精彩点评：“法本身是一种关系，一种存在于人与人之间的关系，它具有相互主体性（主体间性），适用法的过程不只是一个调整主体间关系的过程。”

在主体间性关系理论的引导下，信访制度的建构自然应当顺应这样的思维逻辑：首先，从现实经验出发，总结信访制度所能够达到的理想功能；其次，根据功能确定信访制度在国家现实生活中所应担当的角色；最后，由角色进而求证信访机关所拥有的权力性质，以此作为将来进行制度建构的基础理论。这种思维逻辑是在具体制度层面对前述主体间性理论的细化与融合，其实质就是要对信访制度进行更加准确的定位，换言之，笔者呼吁在我国目前的宪法体系下，在不同的具体制度的错落处寻找信访制度存在的合理性及未来发展的可能性。

①这一理论自亚里士多德开创以来，历经康德、费希特、胡塞尔再到海德格尔的一路艰辛开拓，最终由哈贝马斯所完成，其“交往行为理论”为社会科学研究提供了新的范式。哈氏认为，交往理性奠基于主体间性之上。参见[德]哈贝马斯：《交往行动理论》第一卷，重庆出版社2004年版，第10页。

除此之外，还有一个特别重要的问题需要在研究展开之前得到澄清，那就是对待制度缺陷的认识问题以及态度问题。笔者认为，关于事物有限性和不完美性的道理应当获得人们普遍认同：在现实中任何制度都不是完美的，任何事物在前进过程中都是有缺陷的，世界没有绝对的美好，只有相对的美好。因此，包括信访制度在内的各种制度出现一些缺陷或不足也是很正常的。我们追求完美，但是也要包容缺陷。由此而来，我们对待问题的态度就应当是正视现实、积极改进并逐步完善。

3.2.2 从关系角度看信访制度的政治与法律的双重格局

所谓从关系上看信访，就是从与信访发生关系的几对矛盾关系中看信访的作用和影响。对于任何一个制度来说，其合理性不但来自其自身，而且更来自自身之外，因为来自制度之外的承认或制约正是制度社会属性的体现。对于信访制度而言，更需要在诸种关系方面进行深入的考量，因为信访案件所反映的问题从不同的方面体现出信访与立法、信访与执法和信访与司法的关系，这是信访事件所反映出来的隐藏于事件背后的深刻的法律关系，同时党与人民、党与政府的关系也在信访当中被直接或间接地触及，而这种政治色彩的关系在信访制度的建构当中尤其应当受到重视。

（一）信访在执政党、政府和人民三个制度主体之间的多维互动

从人民与党的关系来看，党需要倾听人民的呼声，这种渠道应当是多元的。而信访不但是多种信息来源中的一种，而且是重要的一种，因为信访反映的信息往往是真实的、紧要的和重大的，而解决改革中出现的问题恰恰是保持党的先进性的重要体现。这一点正如胡锦涛总书记所指出的那样：“党的先进性历来是随着形势和任务的变化而不断丰富和发展的。时代和实践的发展，总是不断地给我们党提出新的要求，也给党的先进性赋予新的内涵。当前，保持党的先进性，就必须坚持立党为公、执政为民，不断提高领导水平和执政水平。”如果从当前建设和谐社会的任务来看信访，可以认为信访所提出的各种问题恰恰是执政党需要面对的挑战。

从党与政府的关系上来看，虽然党与政府在组织上是分开的，但是由于中国共产党是执政党，因而政府就是党领导下的政府，必须在思想上保持高度的一致。因此，我们应当在党的执政方式演进的大背景下看待信访，要在党与政府的关系的调整过程中去定位信访的功能。这样不但有利于执政党的建设，而且有利于政府的改革和完善。在2004年《中共中央关于加强党的执政能力建设的决定》中，将信访制度的完善和创新作为加强党的执政能力建设的重要一环，提出要“健全正确处理人民内部矛盾的工作机制，完善信访工作责任制，综合运用政策、法律、经济、行政等手段和教育、协商、调解等方法，依法及时合理地处理群众反映的问题。”由此可见，信访制度的创新将是党加强执政能力建设的重要方面。

从人民与政府的关系来看，更可以从现实而微观的角度体现以人为本、执政为民以及为人民服务的思想，从信访制度的终极目标指向上看，信访与我国其他宪政制度同样都要以实现人民民主为根本出发点和最终归宿点。在通常意义上，人们只把民主作为政治层面和法律层面的概念，但实际上民主更应当被看作一种国家全体人民的生活方式。在这个问题上，马克思的论述十分精辟，他认为：“民主与全体人民生活的一切现实环节相连，民主制中任何一个环节都不具有本身以外的意义，每一个环节都是全体民众的现实的环节；在民主制中，国家制度本身是人民的自我规定，是人民的国家制度，国家制度是人民存在的环节。”[①]在我国的社会主义法治框架下，宪法对信访制度的民主性提供了最为权威的依据：《宪法》第四十一条规定，每一个公民对于任何国家机关和国家机关工作人员，有提出批评建议的权力，对于任何国家机关和国家机关工作人员的违法失职行为有申诉、控告和检举权。可见，在我国宪政体制下，信访制度是以民主的理论为基础的，是人民与政府之间相互联系的必要通道。

（二）信访与立法、行政、司法之间关系的多维解读

目前，我国信访与立法、行政、司法之间的关系是内部关系，因为立法机关、执法机关和司法机关都有信访机构，这些信访机构是处理立法、执法和司法内部问题的机构。其功能有些类似于人体的器官阑尾对人体的免疫所起的作用一样，每当肠胃等内脏器官发生问题的时候，这个阑尾就如同被“激活”一样，加速、加倍分泌某种淋巴细胞以补充不足的功能，而一旦这个器官恢复正常以后，阑尾就又去“休眠”了。[②]

1. 信访可以检验立法质量，弥补立法漏洞

从信访与立法的关系角度来看，信访的检验功能显得十分必要。因为，在我

①李光灿、吕世伦：《马克思、恩格斯法律思想史》，法律出版社2001年版，第143页。

②何泽涌：《关于阑尾与免疫功能的关系及其组织结构的分析》，载《科学通报》1976年第1期。

国目前的立法体制下，不论是中央各部委还是地方政府都在大规模地进行不同层级的立法活动，而且这些立法常常委托给专业的法学家。但是，法律的有限性和保守性是法律天生的缺陷，生活永远不可能完全按照法律的既定图景去进行，法律也不能解决生活中所有的问题和困难。此外，中央部委和地方立法机构还存在一种风险，那就是他们制定的法规和规章很可能与宪法精神不一致，或者彼此之间有冲突，其结果不但可能侵犯人民的利益，而且这种立法本身对于国家的整个制度来说都是重大的隐患。正是由于以上的原因，立法者更需要对自己所立之法进行检验，更需要倾听来自生活中真实的利益得失者的声音。从我国目前的法治建设进程来看，我国正处于新旧体制的交替阶段，新的法律、法规所确立的制度经常出现漏洞。2005 年新颁布的《信访条例》中所规定的公民可以对国家建设的各个方面提出建议的制度，为立法的改进和完善提供了必要的制度通道。能够以实证经验的方式补正以抽象思维为主要特征的立法中所存在的制度性漏洞，实在是信访制度的一种贡献。

2. 信访可以及时更正执法机关不当的行政行为

从信访与政府执法的关系上来看，政府的执政以实现人民的满意为宗旨。因为政府的目的是为人民服务，因而来自人民的评价就是必须听取的，工作中所犯的错误也是必须改正的。由于政府的合法性、合理性、效率性都需要人民来评判，因而不论是积极的评价还是消极的评价，都应当采取适当的方式认真听取和反思。一方面，对于具体的问题要及时解决；另一方面，对于产生问题的制度性缺陷更应该以理性的态度进行审慎的思考。从现实中信访所反映出来的问题来看，很多信访案件尚未发展到违法的程度，仅仅是行政机关或公务员的工作失误或行为不当。同时，从行政机关所面对的复杂现实情况来看，尤其需要一种灵活的、非正式的纠错机制，而信访制度则恰好可以起到沟通、建议和协调的作用，使那些不当的行政行为及时得到更正，避免发生不必要的冲突和矛盾激化。总之，我们可以通过信访建构一种有效的预防和疏导机制，纠正失误，弥补不足，用和谐的办法而不是用对抗的办法来提高行政效率，达到人民满意。

3. 信访可以监督司法，辅助司法

从理论上说，司法并不能百分之百地保证实现公正，因此对于司法制度同样需要监督，而“如何监督监督者”则构成一个制度性的难题。从我国的法治实践来看，信访案件中集中反映的就是司法腐败和司法不公的问题，这其中折射出来的问题就是司法不公、司法监督机制无力。在这个意义上，信访可以作为检验司法制度的一个重要的标准，其目的就是将司法工作纳入人民监督的视野之内。从另一个方面来看，信访还可以成为司法手段的辅助机制，因为信访可以通过非司法途径解决矛盾和纠纷。因此，从功能上来看，二者之间存在着互补和接续关系，而不是非此即彼或者互相替代。[①] 对于人民来说，哪种手段方便，哪种方式能解决他们的问题，他们就有权利选择采取哪种方式。目前学界有一种取消信访制度，把信访的问题分解到司法系统和行政系统的观点。笔者认为，这种想把信访人都推到法院去的想法是不现实的，因为他们没有想到人们可能经济上不富裕，法律上也不专业；同时，笔者认为这种观点也“屏蔽”掉了国家机关进行自我纠正和自我反思的机会。总之，我们既不能想当然地关闭人民长久以来十分信赖的通道，也不能想当然地关闭对公权力机关进行监督的大门。

3.2.3 信访之于民主的重大意义

中共十九届四中全会《中共中央关于坚持和完善中国特色社会主义制度，促进国家治理体系和治理能力现代化若干重大问题的决定》明确指出：“我国是工人阶级领导的、以工农联盟为基础的人民民主专政的社会主义国家，国家的一切权力属于人民。必须坚持人民主体地位，坚定不移走中国特色社会主义政治发展道路，健全民主制度，丰富民主形式，拓宽民主渠道，依法实行民主选举、民主协商、民主决策、民主管理、民主监督，使各方面制度和国家治理更好地体现人民意志、保障人民权益、激发人民创造，确保人民依法通过各种途径和形式管理国家事务，管理经济文化事业，管理社会事务。”

信访制度是我国在社会主义建设当中发展起来的特色制度，它既是人民实现基本权利的制度保障，同时它也是公民参与国家管理、推动社会民主进程的必要途径。通过信访，公民可以在和谐的气氛中、以平和的方式实现对国家机关及其工作人员的监督。从国家角度而言，信访制度是国家民主制度的一个重要环节，是国家制度走向完善的必要渠道。信访是党和人民之间、政府和人民之间的重要的信息通道，是进行政府再造的方便之门。通过这扇门，在不需要进行大规模调整和社会震荡的情况下就可以进行制度反思和制度更新，提高行政效率。可见，

---

①目前学界基本上有两种思路：一是撤并信访机构，信访事项由各职能部门分担；一是转换信访机构工作的目的和功能，使其真正成为社会整体法治化过程中的一项制度环节。参见卢学英：《信访制度之进退——对信访机构功能定位的思考》，载《当代法学》2006年第3期，第42页。

这是一种巧妙而和平的改革机制，它可以对制度的缺陷进行不断的改进，同时又保持了国家制度的稳定状态。总之，如果我们能够以民主为基础，以国家整体制度为背景对现行信访制度进行完善，就有可能挖掘出信访制度的潜在优势，从而使信访发挥更大的作用，使其成为社会矛盾的舒缓协调之器，国家机构的再塑之器：亦即，信访制度可以巩固民主，发展民主，让民主运转起来，信访可以成为我国民主和法治建设的重器。

3.3 信访制度的结构承接性研究

3.3.1 研究路径的错误彰显结构承接性研究的重要性

目前在信访的理论和实践中，同时出现若干种互相矛盾的现象：其一，一方面涉法信访、陈年信访不断出现、不断升级，另一方面信访机关极力将涉诉信访、疑难信访分离、排解出去。其二，一方面从制度上加强信访工作，强调信访责任制，另一方面信访又成为敏感、回避的问题。其三，一方面强调信访的人民性和民主性，另一方面又出现将信访人拘留、送精神病院等司空见惯的做法。从这些矛盾来看，不同层面、不同角度地关涉到信访性质、功能、结构及原则等几个方面的问题，换言之，正是这几个方面的问题没有从理论上认识清楚，才导致我们思想上的混乱和实践中的偏差。总体来看，目前我国对于信访制度的研究存在着如下几个方面的误区：

（一）实然性的描述代替应然性的分析

现在学界流行的分析模式基本上是实然的模式，而非应然模式。也就是对于信访的研究往往过于看中信访现在是什么样子，将现在的样子当成信访本来的样子。其实表象与本质完全是两回事。与黑格尔的“现实的都是合理的、合理的都是现实的”理论相反的是，现实的不一定都是合理的，合理的也不一定都是现实的。因此，我们应当区分实然与应然，将信访现象与信访的本质区别开来，先定位信访的应然状态，然后再来反思信访的实然问题，再从现实中寻找信访的理想“翅膀”，最后以理想来引导、解救信访的现实困境。

（二）单一的分析模式取代了综合的分析模式

实务界看信访的模式，往往是单一视角下的单一结论：立法机关将信访看成立法权力的形式，而执法机关又将信访看作执法权的辅助，司法机关也将信访看成本系统之内的信访事项。这种模式下，最终的结果是“各家自扫门前雪”，而那些事实复杂、性质综合的信访问题就成了三家之间踢来踢去的“皮球”。与实务界“紧紧把住自家门口”“只管抱住自家孩子”的情况相类似的是，理论界的学者也常常从政治学、社会学、法学、管理学的角度来分析信访，得出的结论往往也是各执一词而失之全面。其实，这都是片面的分析模式所导致的必然结果。笔者认为，如果不从整体上看、不从未来上看、不从形而上的角度看，信访就会是“盲人”所“摸”的“象”，结果必然是各言其理、自说自话、自成系统，最终因不能达成共识而“貌合神离”。

（三）碎片式的分析遮蔽了本质的分析

所谓碎片式的分析特征，在信访的处理模式上表现得最为充分，“谁主管、谁负责”“谁的孩子谁家抱”等做法，是信访工作通常采用的工作原则。再加之信访的数量已经被当作公务员考核的重要指标，因而这些通常的原则更显出一种加强效果。“就地解决”“源头解决”一旦成为一个绝对的要求，这种碎片化的方式就会被固定下来。而在这样的思路下，根本不可能追究信访的问题产生于何处，更不可能涉及信访的本质为何的问题。由此，信访的本质探索就成为一种“制度的不可能”。

综上，笔者认为，性质、功能、结构及原则是信访制度中四个至为关键性的要素，为此，澄清对这四个要素的认识、阐释其间的逻辑关系就显得十分必要。总体而言，因为定性分析是起点，只有确定了信访是什么，才能赋予它何种功能，进而才能依照预计功能，确定信访的总体制度结构，并且根据制度结构决定信访的基本原则。而这四个要素恰恰是决定信访实践及其具体的操作模式的关键因素。从内在的逻辑顺序来看，这四个要素是相互承接、相互配合、互为条件的辩证关系，定性分析的重要程度是居于信访首位的，其次是功能设定，再次是制度结构，最后是基本原则。

3.3.2 理想信访制度结构重构

根据信访制度的应然本质和功能设定，笔者认为，我们必须要从结构上对信访制度进行重新架构，只有这样才能体现信访制度的性质，实现信访制度的功能（见图 3-1）。

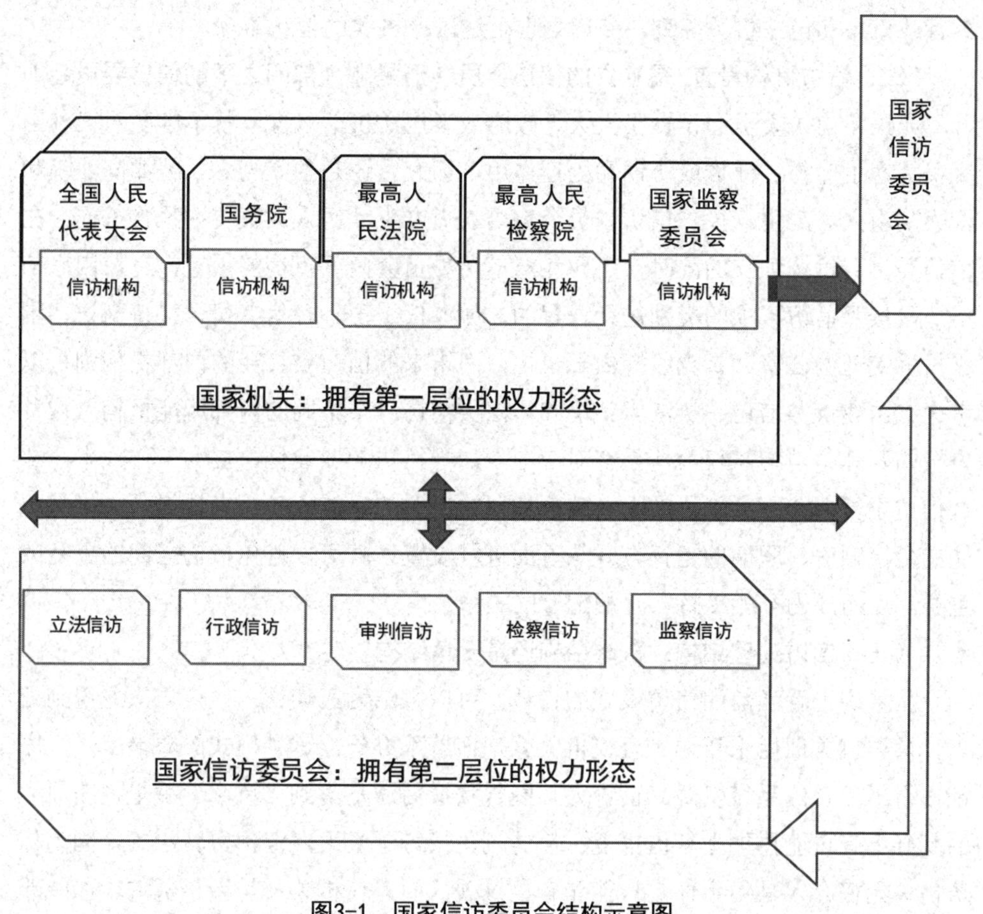

图3-1　国家信访委员会结构示意图

（一）信访委员会的宪法地位探索：平行部门还是更高一级权力部门？

对于立法机关来说，信访是一种对立法行为进行介入的方式，信访委员会的意见很可能形成对立法的修改建议；对于行政机关来说，信访是一种对行政行为的再处理方式，是对行政主体的行政行为进行监督、改正的方式；对于司法机关来说，信访是一种对司法行为的再处理方式，是对司法行为进行评价、监督和修改的行为方式。可见，信访委员会应当比前三个机关更具有权威性，其地位应当在三者之上。但从宪法所规定的人民代表大会才具有最高地位来看，信访委员会的这种设置显然与此相左。这样，在纵向上，信访委员会不可能凌驾于现有国家机关之上。因此，鉴于我国特殊的宪法体制，我们可以考虑在横向上单独设立一个信访委员会，使其产生于人民代表大会并对人民代表大会负责，同时使其与国家行政机关和司法机关并列，专门处理上述国家机关的信访事项。

（二）信访机构设置：是独立的信访委员会还是哪个部门之下的信访委员会？

如果将信访委员会设置于人大、政府或者司法机关之内，就不容易对三种国家机关产生监督、评价或协调和处理作用。因此，还是独立为好。就如同法院和检察院由人大产生一样，信访委员会也由人大产生，对人大负责并报告工作。在信访委员会机构独立的同时，还要注意信访委员会内部机构的设置，目前国家信访局是按照信访事项的类别进行设置的，如办信一司、办信二司、接待来访、国家投诉受理办公室、督查室等内部机构，而未来的信访委员会的内部机构则可以考虑立法建议类信访、执法类信访和司法类信访三个不同的内部职能机构。这种设置的好处是与国家权力体系有对应性，加强信访的专业化，提高工作效率。那么信访委员会会不会干扰人大、政府和司法机关的职能呢？笔者认为，如果从职能的衔接顺序、职能的运行方式等方面进行设置，就可以避免机构之间的重复或重叠，反而成为互相支持、互相配合的关系。

（三）信访处理结构：直线结构还是三角结构？

从结构上看当前的信访模式的设计，可以归结为三句话："信访人急得到处窜、信访机关催促千百遍、有权机关就是拖着不办"。这种模式的弊端就是三家都不得不浪费的系统资源：信访人转圈告状最后还是落到"冤家"手里，在原来的基础上有可能再加上打击报复；信访机关接待了半天，但都得转出去，因为信访机关无权介入具体事件，只能靠有权机关；而有权机关又是当事机关，如果改正错误就得受错案追究。这就是死胡同式的直线式模式。笔者认为，要从这个制度陷阱中跳出来，就必须改变这种不合理的结构，如可以采取信访机关在上、信访人与被信访人在下的裁判式结构设计。我们迫切需要改变目前信访机关只能转信、不能办理、只管过程、不管结果的"直线"模式，代之以直接调查、直接办理，直接建议、直接执行、确保效果的"三角形"模式，这种结构模式的好处是信访机关容易发挥职能优势获得权威和效率，全面解决大量、多种类型的信访案件。

（四）信访权力模式：软权力还是硬权力？

信访的权力是综合性的、第二层次的权力，不宜直接运用硬权力。信访委员会可以在信访人和被信访人之间进行调处，根据情况提出调查报告和改正建议，由被信访人自行改正执行，如果被信访人经过敦促后拒不改正，则信访机关有权力运用强制性权力保证信访委员会的意见被执行。可以说这是一种"软权力在先，硬权力在后"的模式设计。

3.3.3 信访制度设计的基本原则

从信访的处理对象来看，信访问题来自各个国家权力机关，因此，要将不同国家机关产生的问题收集起来集中处理，信访机关首先应当专业化。为此，就要有立法信访、执法信访和司法信访。现在各个国家权力机关虽然都设有信访机关，但这些机关的地位不够高，职能不够明确，最为根本的是这些信访机关不独立于国家机关，最终就形成自己修正自己的问题、自己做自己的法官的局面。而要改变这种局面，就要将信访机关独立出来，成立专门的信访机关，内设立法信访、执法信访和司法信访三个大的内部机构（见图 3-2）。

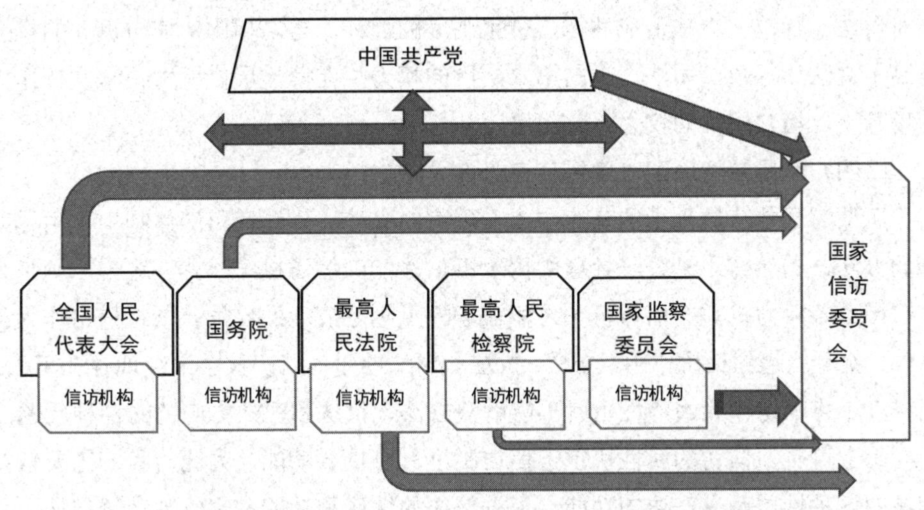

图3-2 国家信访委员会与国家职能机关的关系示意图

具体来说，笔者认为，在设计新的信访制度时需要运用以下几个基本原则：

（一）机构独立原则以确保其有效性

所谓机构独立性原则指的是信访委员会独立于立法、执法和司法机关，不隶属于这三个机关，自己成为一个独立的事项处理系统，但这一系统又有与三个权力机关相对应的职能部门，专门处理专业信访事项。这一原则的主要目的在于使信访成为一个能够处理三个权力机关产生的问题的机关，否则，如果信访机关成为任何一个机关的内部机构，都会失去其应有的客观性，不能发挥信访的有效功能。

（二）受案综合原则以保障其职能的挑战性

信访机关之所以要遵守综合性的原则，主要基于信访是权力性质，信访并不单一具有解决立法、执法和司法问题的功能，而是三者兼具，不论哪一种权力机关出现问题，都可能反映到信访机关，因此单一的手段是难以应对现实挑战的，所以特别需要超越立法的抽象性、执法和司法的具体性，而要以解决问题为中心，配置与其功能相匹配的方式。

（三）信访被动原则以避免其权力膨胀性

信访机关的职能设置以被动原则为基础，所谓被动原则，是指没有信访人信访，信访机关不得主动干预信访事项，这些事项仍然属于政治、立法、执法和司法机关的权力范围。政治的权力属于政党，立法、行政、司法的权力属于第一层次的权力，可以直接对相对方的利益做出分配。如果信访制度直接干预利益分配，会对司法、行政、立法造成冲击，带来制度的混乱。与之相比，信访机关的权力是高于立法、行政、司法之上的第二层次的权力，在第一层位权力正常发挥作用的场景下，第二层位的权力不起作用。

（四）穷尽救济原则以确保其终极性

所谓穷尽救济原则指的是信访人在现有的立法、执法或司法体制中，用尽应有的办法，仍然得不到公平处理的情况下，才能向信访机关投诉。这一原则是为了在国家各权力机关与信访机关之间在职权上划分清晰的界限。不将信访作为最终性，就不能起到反思作用，立法、执法和司法的错误就仍然会继续地存在下去；同样，不将信访作为最终性，就不能解决立法、执法和司法中产生的种种问题。

综上可见，信访的属性决定了信访制度具有重要功能。为此，我们需要依据信访的这种性质确立信访的功能，根据信访的性质和功能来定位制度的结构，从而最终建立行之有效的基本原则和操作规程。信访制度的性质实质上是由信访人发动的、由信访机关负责处理的、对国家先前行为的修复或纠正机制。一方面，通过信访，信访人对受到的国家行为损害的权益要求重新处理，另一方面，通过信访，信访机关对被信访机关的行为进行建议性和强制性的更正活动。信访的这种性质，是确立和完善信访制度的根基。正是这种性质，才能决定信访是什么，然后信访才有可能做什么，最后才是信访制度能够做成什么。可见，这是一个有着极强逻辑关联的制度体系，是一个从功能定位到结构设计、再到基本原则的连续动态过程。

3.4 现代信访制度之双向重构

20 世纪 70 年代以来，西方国家出现了司法外替代型纷争解决制度，呼吁以非司法的方式解决纠纷，这场运动的真正意趣就是寻求对违法事项的高效处理手段以及对不恰当行为的简便纠正方式。相对于西方而言，我国的法治建设进展较为缓慢，法治文化底蕴薄弱，人们对于从西方引进的司法制度还不熟悉，现实生活中，行政诉讼、行政复议、行政赔偿、国家赔偿、行政监察等新型法律制度与现实还没有磨合好，其运行效果也并不十分理想。但与此相反的情况却是，各地的信访机构门庭若市，人大、政府、法院、检察院等系统的信访案件数量也一直居高不下。究竟是什么原因造成这种独特的局面呢？信访制度究竟有何优势让如此多的信访人不去走行政复议、行政诉讼等正规的渠道，反而偏偏选择信访来解决问题呢？

3.4.1 参透信访的潜在优势

目前，不论是在实务界还是在学术界，往往轻视对现实中信访制度潜在优势的研究，特别是从制度整体角度对其进行宏观的、跨学科的研究成果就更为稀少。笔者之所以关注信访制度的潜在优势，主要目的是想深入挖掘制度的内在潜力，并在原有的制度基础上对其进行创新性的制度安排。具体而言，笔者认为，信访制度有如下优势可以供深度开发：

（一）信访是具有悠久历史传统的、非正式但高效的解纷机制

要理解信访制度的内在逻辑，必须了解中国的历史和国情特点。作为一个十几亿人口的大国，目前正处于经济改革和社会变迁的大潮之中，这种复杂的背景尤其需要制度设计者给予深切的关注。如果将中国视同于美国或者法德等现代法治国家，其结果可能会错认客体、忽视前提进而犯下盲目草率的错误。因为这些国家总体上遵循这样一套法治逻辑：首先是在整体上有宪法至上、三权分立、司法独立的框架制度背景；其次是各种压力集团、独立的法官、自由的律师在各自的渠道内进行制度博弈；再次是在普通民众中间有坚定的法治信仰以及积习甚久的法治传统和法治文化。而我国则是一个传统的乡土伦理社会，目前正处于从传统社会向现代社会的转型阶段，法治体系、主体体系及行为规则体系还在形成之中。在中国传统上，人们解决民间纠纷的机制是家族里长和乡规民约，民间法的运行机制与严格程式化的法律体系有着天壤之别。从历史来看，可以说信访制度是一种非正式但却是十分高效的运作机制，它不但通过正式制度的运行而发挥作用，而且对正式制度的漏洞也是有着十分及时的补缺作用。在新的《信访条例》颁布之后，公安部二十余天接访七万多起的事实一方面说明现实生活中矛盾的普遍性，同时也证明信访解决问题的高效性。

（二）信访制度在目前中国的过渡时期发挥了高度的综合效能

首先，中国社会目前具有明显的过渡性特征，这种过渡性表现为：正式制度与非正式制度两套系统并存，人们在进入正式的司法程序之前都抱着试试看的心理而选择廉价易行的非正式制度，即使在正式的司法程序之后，仍然抱着侥幸的心理想对失衡的公正进行一些必要的矫正；其次，法律与政策之间的距离相对较短，特别是广大农村，按照政策办事的积习比较深厚；最后，目前法律的立改废比较频繁，造成我国法律体系的稳定性不强；总之，信访反映的问题往往是来自多方面的综合问题，既有立法不完善的问题，也有执法不严的问题，还有司法不公的问题。这些问题如果都依严格的法律方式来解决的话，恐怕会付出更大的社会成本。因此，在从众的法律制度需要完善的时候，能够找到一个反应灵敏、运用灵活、对现实制度提出问题、解决问题、反省问题的机制就十分必要了。

（三）信访的灵活性可以使问题在和缓的气氛下得到解决

正式的法律制度以法条规范、程序严格、责任分明为基本特征。法治虽然是理性的治国之道，但这套机制的运行却是有着一定前提的，同时运行的成本也是十分高昂的，在没有可以信任的律师、没有充足的诉讼费用、没有制度来保障将来不受打击报复、没有最终打赢官司之前，很多人是不敢轻言与政府机关对簿公堂的。矛盾的尖锐性、政治和社会的压力及后果的严重性都使普通百姓望而却步。从信访事件的性质来看，信访事件常常是那些处于几个部门都管的“红色”地带或者几个部门都不管的“灰色”状态，或者是一个部门的权力行为而引起其他部门的关联后果，当事人又难以分清权力界限、难于确定责任主体。而从法律的根本目的来看，其最终的目的在于保持正常的秩序，使人们的生活井井有条地继续下去。如果以一种非正式的制度方式，能够达到正式制度的结果，这也恰恰是人们所衷心盼望的。一言以蔽之，法律的根本宗旨在于保持和恢复人们正常的生活秩序，而信访的方式恰好适应了人们的普遍诉求、朴素的心理，因为信访可以以一种和缓的、有利于促进团结的方式解决问题。

由上面的分析可以看出，信访制度相对于当下的中国国情而言，具有一定的潜在优势，但这种优势往往不被人们重视，反而由于制度的一些具体的功能问题而受到贬抑。现在有很多学者主张取消信访，将信访全部分流到立法、行政和司法当中。笔者认为这样的方法既不可能也无必要。因为一则信访制度是我国宪法制度中的一个组成部分，既是人民参与国家生活的体现，也是国家听取批评接受监督的渠道，宪法中规定的人民所享有的民主权利是断然不能取消的，否则就是违宪，同样道理，国家公权力也不能不接受监督，管理当中的一些漏洞更不能视而不见；二则国外许多不同形式的信访制度都运转良好，如瑞典的议会监督专员制度、日本的苦情处理制度、香港的申诉专员制度及欧盟的监督专员制度，这些都说明信访制度是一种具有很大潜在优势的解决问题机制。还有一种观点主张将信访制度收缩，将涉法信访剥离出去，只将其作为提供信息的渠道，认为这样就可以保证司法的权威。笔者认为这样的观点并不能解决实际问题，因为不论是参与类、求决类抑或是诉讼类信访，这些事件都形成于信访体制之外，都是由于立法、执法或司法中的某些问题所引起的，单独取消诉讼类的信访不足以解决全部信访问题，参与类和求决类案件仍然大量存在。另外，如果只将信访作为提供信息的渠道，那么人们会在没有相关切身利益的情况下主动提供信息吗？试想一下，我们的政府有那么专业的信息部门，还有什么必要单设一个信访来采集信息呢？

3.4.2 以救济和纠错为导向打造高效能现代信访制度

我国目前的救济和纠错制度当中，以行政复议和行政诉讼为主。但这两项制度，行政复议机关本身是行政机关，自己纠正自己的错误难度很大。而行政诉讼制度的功能又非常有限。因此，需要信访制度与之相配合，联手合作。

《中华人民共和国行政诉讼法》第六条规定：“人民法院审理行政案件，对行政行为是否合法进行审查。”这就意味着可以对行政行为是否合理进行审查，从而为信访制度的存在预设了一个空间。

《中华人民共和国行政诉讼法》第十二条规定：“人民法院受理公民、法人或者其他组织提起的下列诉讼：（一）对行政拘留、暂扣或者吊销许可证和执照、责令停产停业、没收违法所得、没收非法财物、罚款、警告等行政处罚不服的；（二）对限制人身自由或者对财产的查封、扣押、冻结等行政强制措施和行政强制执行不服的；（三）申请行政许可，行政机关拒绝或者在法定期限内不予答复，或者对行政机关作出的有关行政许可的其他决定不服的；（四）对行政机关作出的关于确认土地、矿藏、水流、森林、山岭、草原、荒地、滩涂、海域等自然资源的所有权或者使用权的决定不服的；（五）对征收、征用决定及其补偿决定不服的；（六）申请行政机关履行保护人身权、财产权等合法权益的法定职责，行政机关拒绝履行或者不予答复的；（七）认为行政机关侵犯其经营自主权或者农村土地承包经营权、农村土地经营权的；（八）认为行政机关滥用行政权力排除或者限制竞争的；（九）认为行政机关违法集资、摊派费用或者违法要求履行其他义务的；（十）认为行政机关没有依法支付抚恤金、最低生活保障待遇或者社会保险待遇的；（十一）认为行政机关不依法履行、未按照约定履行或者违法变更、解除政府特许经营协议、土地房屋征收补偿协议等协议的；（十二）认为行政机关侵犯其他人身权、财产权等合法权益的。除前款规定外，人民法院受理法律、法规规定可以提起诉讼的其他行政案件。”可见，该法用列举的形式规定了哪些行政行为是行政诉讼的受案范围，质言之，对那些没有列举在其中的行政行为是不能得到行政诉讼的救济的。而相对于信访来说，《信访条例》及其他相关信访的规定里，没有受案范围类似的制度机制，使得信访有着不受约束的宽泛的受理范围，相对于行政诉讼制度中严格的受理制度无疑具有更大的灵活性和广泛性。

《中华人民共和国行政诉讼法》第十三条规定：“人民法院不受理公民、法人或者其他组织对下列事项提起的诉讼：（一）国防、外交等国家行为；（二）行政法规、规章或者行政机关制定、发布的具有普遍约束力的决定、命令；（三）行政机关对行政机关工作人员的奖惩、任免等决定；（四）法律规定由行政机关最终裁决的行政行为。”上述四项法院明确不受理的案件对于信访机关来说，则不受此限。

由此可见，相对于行政复议和行政诉讼等其他权利救济和纠错制度来说，信访制度具有以下几个特点：

1. 信访具有优先选择性。这一特点可以使公民便捷地将所遇到的问题提交信访程序，从而使问题得到重视，防止出现不良后果。笔者认为，只要能在信访过程中解决问题，就没有必要将信访人推到烦琐、陌生而且费用高昂的司法程序当中，及时的正义比迟来的正义更符合正义原则。

2. 信访具有范围广泛性。这一设计主要是针对目前我国行政复议、行政诉讼范围狭窄而设立的，将行政复议和行政诉讼不受理的案件以信访的方式进行调整，是对前两种制度的有益补充，这不但不会替代正式的制度，反而会使行政复议和行政诉讼坚持本身的正确方向。行政监察由于针对的是国家行政机关的工作人员的纪律和效率，是为“维护行政纪律，促进廉政建设，改善行政管理，提高行政效能”（《行政监察法》第一条）而设，并不具有权利救济的功能，这一点恰恰让权利受到损害的相对方不能得到满足。而笔者所设计的信访制度，则相对于行政监察而言，是一种有益的补充，信访可以与行政监察在功能上互相衔接，互相转化，在信访结束之后，将违反纪律、作风腐败的公务员交行政监察处理未尝不可。

3. 信访具有延伸性。这种延伸性使得公民在进行司法救济之后仍然有希望得到恢复正义的机会。从制度的整个流程来看，司法虽然是最后一道保卫公正的屏障，但并不能保证公正实现的全面性和绝对性。相反，在当下的中国，在法治还没有完全建立起来的情况下，对司法保持一定的审慎反而是十分必要的。值得特别说明的是，信访对司法功能的延伸性并不造成对司法的干预，因为一则信访受理经过司法程序审理之后的案件，而对于已经受理的和处于审理当中的案件则保持不干预；二则信访是以建议的方式督促司法机关自行更正错误，而不是包办代替，司法的权威不会因此而受到贬低或者侵犯。即便司法机关的裁判是正确的，信访机关也可以对信访人进行必要的说服和解释，增加信访人对法律的了解，劝导其服从法律裁判，这一点从效果上反而配合了司法机关的工作。

4. 信访具有补充性。对于抽象行政行为和政策性行为，我国的司法制度还没有能够提供有效的救济渠道，因而，对于这种能够影响公民利益的行政行为就有必要设立一定的制度通道，使公民的意见和建设性建议能够以和平的方式反映出来，一则可以防止破坏性的反抗，二则可以及时发现问题，堵塞漏洞。

5. 信访具有细腻性。不论是行政诉讼还是行政复议，一般只涉及合法性审查和明显的行为不当，而对于合理性和轻微失误则不予过问。上述两种制度对于行政行为的完美性追求尚不能充分顾及，而信访制度则可以提供更加“细致入微”的注意力，可以于细微之处关怀信访人的利益得失，使那些制度的“轻微伤”，如行为失当、轻微过错、效果欠佳等不尽如人意之处，也得到及时的弥补和修正。

6. 信访具有温和性。因为信访制度并不以追查事件责任者为主要目的，信访人与被信访人也不是严格的两造式对抗，信访人所追求的是解决问题，被信访人追求的是改正错误，信访机关追求的是解决问题、恢复正常的秩序，这三个目的之间存在着相当强的一致性，是一种促进团结的模式，这与司法解决的责任分明、是非明确、追究责任等充满斗争意味的模式显然有很大的区别。

3.4.3 信访的光明未来

信访是一项重要的民主制度，它为我国宪法所确认，这项民主权利与公民的其他民主权利相比，更富于动态性，它更侧重于从日常生活和具体的案件中建设国家与公民之间的关系。同时，信访制度也是一项十分难得的权利救济和权力监督制度，具有一种复式的包容结构，正是由于这种复式的结构，一方面使公民受侵害的基本权利获得恢复和救济，同时使产生侵害结果的国家机关受到监督和约束，使政府改进服务、提高效率。与其他的救济性权利相比，信访制度可以提供更加宽泛的制度功能，它的受理范围不但包括行政违法，也包括行政失当，不仅可以对于没有进入行政复议程序和行政诉讼程序的个案进行救济，也可以对审判终结的案件继续提出异议，它救济的层面并不只受限于法律，对于政策的不合理之处也可以进行信访，亦即它突破了法律的单一界面，进入政治和政策的层面，从更为深远的意义上影响现实生活。综上，笔者认为，我们可以深入挖掘信访的解纷高效、综合性强、方式灵活的潜在优势，以救济和纠错为导向，重新设计出一套更加现代化的信访制度。

3.5 信访制度的双向功能设计

3.5.1 研究方法及致思理路

信访制度作为一种特殊的民主监督和权利救济制度，在现代的社会生活当中担负着日益重要的角色。国内学者不断从结构、功能和作用等角度对信访制度进行研究和探索。但就结构、功能和作用这三个基本概念而言，其间的界限似乎并不分明。在社会法学家的视野下，三者之间呈现出一种前后相继的逻辑关系，他们认为：结构是首要的前提条件，是功能的基础；功能则是结构的外在表现；作用以功能为前提，是事物与外在世界发生关系时所展现的某种效果。美国结构功能主义的理论大师塔尔科特·帕森斯对此曾有过颇有见地的分析，他认为：“结构是事物内部诸要素的构成方式，各个支结构联系在一起才能发生功能；而功能则以结构为基础，是一种维持均衡的适当活动”。[①] 在我国法学界，一般并不将功能与作用作严格区分，多数学者认为功能即是作用，在对某一种具体的法律制度进行分析时，多注重制度的外在作用表现而忽视内在功能构造。结合上述法学家的观点，笔者认为，将功能与作用作适当区分为宜，因为二者在语言上和逻辑上确实存在一定的层位差别：功能通常用来指一种事物内在的存在依据，而作用则是指事物在与外界发生关系时产生的一种结果，前者是本质的、基础的，而后者则是现象的、外在的；功能通常与目的相关联，而作用则常与效果相一致。

在对一种现实制度进行分析之前，选择一个合理的分析工具是必要的。通过上述几个关联概念的比较和分析，笔者认为，对信访制度进行深入研究，采用功能主义的分析方法是较为合理的。其理由如下：

首先，信访制度的功能研究是进行制度构建的前提条件。构建信访制度，必须强调这种制度本身内在的合理性，即强调其本身所具有的其他制度难以替代的独特之处。美国法理学家波斯纳先生曾明确地指出：“法律是功能性的。”[②] 人们只有懂得哪些是信访制度的基本功能时，才能有目的地去加以运用。

其次，信访制度的功能研究是界定其在整个法治体系中所处地位的基础。信访制度行为既不同于行政复议制度，也不同于行政赔偿和行政诉讼制度，同时又区别于行政监察制度，它在国家法治体系中处于特殊位置。相对于处于整体中的部分而言，正是唯它所独有的功能，才决定了它在系统中的地位。可见，没有对信访制度功能的透彻研究，是不可能准确评定信访制度在行政法体系中的贡献度的。

最后，信访制度的功能是实然与应然的切换点。应然与实然在法哲学上是一对相矛盾的基本范畴，不论是从应然去反思实然，还是从实然去寻找应然，中间必须经过某种制度的转换，这种转换之所以必要，是因为只有通过中间的媒介，人们现实的感受才能升华为理性的、应然性的思考。同样道理，也只有通过这个桥梁，人们的理性才能再次回落到现实制度当中。

从上面的分析可以得出结论，对信访制度进行功能分析不但是必要的，而且是有价值的。它不仅可以让制度的构建者审视其内在的合理性，而且可以把握其作为整体部分而具有的独特价值，这样就可以更加合理地链接实然与应然两个不

①[美]帕森斯《社会系统与进化的行动理论》，英文版第36页；转引自宋林飞著：《西方社会学理论》，南京大学出版社1997年版，第97页。

②[美]理查德 A.波斯纳著：《法理学问题》，中国政法大学出版社1994年版，第578页。

同的法律界域。笔者认为，展现信访制度的诸种功能，可以从以下两个方面进行，一是信访制度对于公民而言所具有的功能，二是信访制度对于国家而言所具有的功能。因为在信访制度的法律关系当中，至少存在着两个主体，一是公民主体，二是国家公权力主体，这一研究范式是与我国现行《宪法》中的两个重要部分相对应的。在任何一个国家的公共生活当中，公民的基本权利和义务及国家机构的权力划分都构成国家生活中最为关键的两个支柱。特别是在信访制度当中，公民与国家是信访法律关系的两个最为基本的主体，二者之间既存在相互对立的关系，也存在相互依存的关系。因此，在这个意义上，笔者认为，研究信访制度的功能必须从公民与国家两个维度展开。

3.5.2 信访制度对公民的诸种功能

1963 年 9 月 20 日，中共中央国务院发出《关于加强人民来信来访工作的通知》，针对大量赴京上访现象的出现，要求中央各部门和地方各级组织必须加强信访工作，努力做到就地解决。更为具体的规定是，10 月 15 日由国务院秘书厅整理的《国家机关处理人民来信和接待人民来访工作条例（草稿）》，其中重申了人民写信或上访的民主权利，并对信访功能作了更全面的总结，即了解社情民意的渠道、群众监督的方法思想政治教育的途径、调解矛盾的手段，同时指出信访还可以起到调动人民群众积极性，巩固人民民主专政，促进社会主义革命和建设事业心的作用。从上述中央文件的精神来看，信访制度已经具有多种功能：

（一）表达意见的功能

公民表达意见的方式有两种，一种是间接方式，一种是直接方式。间接方式一般是通过选举的代议制的方式实现，但由于代议制的程序复杂、成本较高，其效果也并不完全让人们满意，而且人民的代表能否真正地代表民意时常受到不同层面的质疑，因此直接民主的方式就成了必要的补充。信访作为一种重要的直接民主方式，显然具有民意表达的功能，具体而言，信访制度的表达功能具有以下几个方面的特点：

1. 信访表达是直接表达。信访制度给予公民直接表达自己意见、看法和建议的机会。这种直接的表达方式，使信息不会因为多次传递而发生变化，信息的真实性和客观性更强。

2. 信访表达是个案表达。与立法的方式中民意的表达相区别，信访制度的表达是一种个案性的表达，这种表达使将来的处理意见更具有针对性，同时个案性也是对法律制度普遍性的一个检验。

3. 信访表达是动态表达。信访人所陈述的意见是与他们的生活同步的，而不是事后的反思或补救，这样的方式就提供给我们研究现实制度、研究现实问题一个活的、动态的信息反馈系统，表达的客观性和及时性是处理问题有效性和快捷性的根本保障。

（二）权利救济的功能

对一个现代的民主国家来说，其根本目的在于保障人权，促进人的尊严和个人价值的实现。这一点已为 2004 年通过的我国宪法第二十四条修正案所确认。而公民的基本权利按权利的内容和形态来划分的话，基本上可分为实体权利和程序权利两种形态，“有权利必有救济”的理念反映出人们对于程序权利救济实体权利的深刻认识。对于一个现代的法治国家而言，如何为人们的生活提供方便、高效、快捷的救济制度就是国家理应承担的责任和义务，这一点已经得到世界范围内的共同承认，在《经济、社会和文化权利国际公约》《公民权利和政治权利国际公约》当中已有明确的规定。

在我国目前的法律体系当中，行政复议、行政诉讼和国家赔偿制度是公民权利的救济渠道，但这些救济方式却是有着特定的制度功能和调整范围的，亦即这些救济方式并不能对所有受到侵害的公民权利进行救济。同时，这些制度有些还需要收取不菲薄的诉讼费用，这对于权利受到公权力侵犯的公民而言，就意味着更多的经济投入和更大的风险支出。还有一点就是上述的制度设计和运行目前出现了一些问题，如国家赔偿法由于责任认定由行政机关单方认定，造成赔偿程序不顺畅等。从权利救济体系的运行结果来看，并不能保证行政机关的每一个行政行为都符合法治的要求，也不能确保司法机关审理的每一件案件都获得公正的审理和裁判，可以说公民现实权利还不能全部得到顺利实现和救济。因而一项更加简便有效，也更加全面灵活的救济方式，就成为必需。这一点就是信访对于公民而言所能够提供的救济功能。

从整体论的角度来讲，法只是生活的一个局部，在法之外还有伦理、道德、文化和习俗以及政策等。在一个完整的生活领域当中，法律的功能和作用是有限的，这种有限性表现为非唯一性、非最佳性和非最终性，亦即我们可于法律之外寻求其他的、更好的和今后的解决方案。因而如果从法律有限性的角度来看信访，能够获得更加深刻的理解。我们可以把信访看作寻求法律解决之前的一种权衡，如果信访能够解决问题的话，我们就无须在法律的救济程序上多费周折；同时，由于法律的不完善性和落后性的存在，也可以让信访在法律所不能涉及的政策领域里保持一定的救济能力；最后，法律并不能保证对生活是非问题的判断到此为止，因而对无尽生活保持一种不断的反思也应是人类精神的应有之义。信访可以成为行政复议和行政诉讼的前置程序，也可以受理行政复议和行政诉讼不受理的案件，从而成为与行政复议和行政诉讼相补充的救济方式，法律的合理性问题和国家权力行为的合理性问题亦可以成为信访的关注焦点；同时，司法程序所不能实现的正义仍然可以在信访的制度中继续探讨。可见，正是在法律所不及或法律不能发挥理想效果的地方，信访起到一种补充的权利救济功能。

（三）监督公权力的功能

权力的非自动实现的属性，意味着权力必须通过代理人才能实施，代理人的品格和心理是权力运行过程中的关键环节；同时由于权力的公共属性，也意味着权力中具有巨大的利益，如果不能科学地设定权力程序，很可能造成公共资源的流失，更为重要的是，公权力是与公民的基本权利息息相关的，公民的生活保障、生存和发展都与公权力的运行有着十分密切的关系。因而，不论出于上述哪一个方面的考虑，都需要对公权力加强监督。

信访作为一种重要的监督方式，与司法监督、行政监督和舆论监督等其他监督方式相比，具有以下几个方面的特点：

1. 监督的范围广泛。由于行政复议和行政诉讼的受案范围和原被告资格、起诉条件等均受《行政复议法》《行政诉讼法》所规定的程序的严格控制，因而使得很多公民不能得到有效的救济，而信访制度则没有规定具体的受理范围的限制。新的《信访条例》规定：“信访人对行政机关及其工作人员，法律、法规授权的具有管理公共事务职能的组织及其工作人员，提供公共服务的企业、事业单位及其工作人员，社会团体或者其他企业、事业单位中由国家行政机关任命、派出的人员，村民委员会、居民委员会及其成员的职务行为反映情况，提出建议、意见，或者不服其职务行为的，均可以向有关行政机关提出信访事项。”

2. 监督方式灵活。信访人可以采取多种方式进行监督，新的《信访条例》规定：“公民、法人或者其他组织采用书信、电子邮件、传真、电话、走访等形式，向各级人民政府、县级以上人民政府工作部门反映情况，提出建议、意见或者投诉请求。”“对重大、复杂、疑难的信访事项，可以举行听证。听证应当公开举行，通过质询、辩论、评议、合议等方式，查明事实，分清责任。”

3. 监督态度温和。新的《信访条例》规定："信访工作机构应当组织相关社会团体、法律援助机构、相关专业人员、社会志愿者等共同参与，运用咨询、教育、协商、调解、听证等方法，依法、及时、合理处理信访人的投诉请求"。可见，这样的处理方式使监督方和被监督方并非处于激烈的对峙状态，信访不以违法追究为目标，而是以解决问题、纠正错误为主导，这样的方式更容易被受监督方接受。

（四）参与国家生活的功能

"中华人民共和国一切权力属于人民"，由我国《宪法》的这一规定可以看出，公民在初始的法律意义上组成国家，国家的目的以人民利益为第一。在由人民组成和以人民利益为最终归依的国家中，"人民依照法律规定，通过各种途径和形式，管理国家事务，管理经济和文化事业，管理社会事务"（《宪法》第二条）。具体而言，信访制度可以使公民在以下几个方面参与国家生活。

1. 参与政策和法律的制定过程。《信访条例》第二十九条规定，"信访人反映的情况，提出的建议、意见，有利于行政机关改进工作、促进国民经济和社会发展的，有关行政机关应当认真研究论证并积极采纳"。这一规定显示出公民所享有的建议权，公民可以通过这一方式深入地参与到国家生活当中，对国家的建设发挥积极的作用。

2. 参与法律的执行过程。信访案件大部分是发生在行政机关执法当中，而在执法过程当中，公开制度、告知制度、教示制度等反映了行政执法民主化的趋势。信访制度的存在，意在提醒和督促行政机关工作人员克尽职责，为相对人提供满意的行政服务。信访制度中内含的批评、诉愿和建议机制产生的潜在压力，使得行政执法过程的合法性、公开性、公正性有了切实的制度保障。

3. 参与司法过程。目前信访案件中有很多是反映司法不公的，司法机关滥用权力、枉法裁判的情况在各地均有所反映。人们普遍希望通过信访制度来适度地遏制这种不良趋势。虽然新《信访条例》不再受理应由公安机关、检察院和法院解决的信访案件，但是由于上述机关都设有信访机构，信访人仍然可能通过信访的方式参与国家的司法过程。

可见，对公民而言，信访不但是一种重要的民意表达制度，而且是一项简便、经济、有效而全面的救济方式；借由信访制度，公民不但可以实现对国家机关和国家机关工作人员的监督，而且还可以实现对国家生活的全面参与，成为一名生活在社会主义制度下的积极公民。因此，在这个意义上，信访制度对于公民而言，具有保障、维护和促进公民权利和自由的功能。

3.5.3 信访制度对国家的诸种功能

信访制度不但对于公民而言具有多种功能，对于国家而言，同样具有多种功能。具体而言，信访制度可以在如下几个方面体现出对公权力的多方面功能：

（一）收集信息和合理化建议的功能

广泛收集信息、征集人民意见、听取群众批评是信访制度设立的初衷。总体上讲，通过信访制度所收集的信息具有十分重要的意义，因为这些信息一般具有现实紧要性、客观真实性、内容宝贵性等特点。这些信息一方面向我们反映了我国政治、经济和社会生活的整体情况，另一方面往往将制度的弊端、公务人员的内在品质等不容易暴露出来的缺陷充分显示出来，这些信息往往能够为制度的进一步改善提供宝贵的指示，如1979—1981年三年间，信访数量达到新中国成立以来之最，通过对信访反映问题的分析和归纳，在中央重视下，各地投入处理上访问题的人数和解决问题的数量也达到新中国成立以来之最，这次信访洪峰的有效化解对于及时拨乱反正、恢复正常国家生活起到了积极的促进作用。

（二）及时、低成本纠错的功能

由于信访制度具有广泛收集信息的功能，因而通过对所收集信息的分析，就可以及时发现问题。信访人所反映的问题如果正确的，那么国家权力机关就应当及时地改正错误，避免造成更大的损失，“对于可能造成社会影响的重大、紧急信访事项和信访信息，有关行政机关应当在职责范围内依法及时采取措施，防止不良影响的产生、扩大。”（《信访条例》第二十七条）这种预警机制的设计充分体现了制度设计者的提前防范理念。在社会主义三大改造完成之后，我国的政治走向正规化，毛泽东当时作出“胜利已经取得，主要的任务是注意制度中的缺陷”的判断。从信访制度的现实表现可以看出，信访制度不但对于法律漏洞可以纠正，同时对于政策错误问题也有及时发现和改正的功能，信访报告制度充分体现了这一点。《信访条例》第三十七条规定：“县级以上人民政府信访工作机构对于信访人反映的有关政策性问题，应当及时向本级人民政府报告，并提出完善政策、解决问题的建议。”而这一功能是信访制度独特的功能，这是行政复议和行政诉讼制度所没有的。

（三）吸收公民不满情绪的功能

科恩曾在其名著《论民主》一书中对民主的“内在价值”作了相当有说服力的阐述：“从民主发展的历史看，至少有足够的证据说明，人们反抗奴役、政治压迫的主要原因，并不是它们一定会产生坏的结果，而是因为它们在本质上就与人类的尊严是不相容的。即便它们能够产生有效的结果，人们渴望在管理他们的、与他们的生活和命运息息相关的生活中听到他们自己的声音。” 在信访制度设计当中，信访人的意见、要求、主张和情绪都可以通过一定的方式进行表达，使自己所受到的不公正对待能够被倾听，这一点从心理学的角度看，就可以释放信访人的不满情绪，同时《信访条例》还规定：“对信访事项有权处理的行政机关经调查核实，应当依照有关法律、法规、规章及其他有关规定，分别作出以下处理，并书面答复信访人”。通过信访机关的调查及协调工作，信访人反映的问题有可能得到及时的处理；同时对于那些“请求事由合理但缺乏法律依据的”，信访机关“应当对信访人做好解释工作”，这种针对信访人个别的问题进行解释的工作，显然是在尊重信访人、尊重客观事实的前提下作出的。可以想见，信访机关所给予的解释在一定程度上可以缓解信访人的委屈和不满。

（四）协调权力之间冲突的功能

我国目前还没有协调公权力之间冲突的专门机构，现实中许多超越职权、滥用权力、管辖权冲突和权力不作为等现象还不能得到有效的抑制，制度之间的矛盾和冲突常常只能靠领导人的个人能力来加以协调。从制度的整体角度来看，这种协调性制度的缺位是很不利于民主与法治建设的。在信访案件的处理过程中，信访机关经常与被信访机关进行协调，信访机关利用调查权和督办权在公权力之间及公权力与公民权利之间进行多方斡旋以使问题得到解决。信访机关经常面临的问题是“这个问题该哪个部门管”，亦即“哪个机关对此负有法定的职责”。由此可以看出，这是一个具有公权力协调的部门才能有资格进行判断的问题，显然信访实际上已经承担了一定的协调责任。从信访制度的现实功能看，信访制度可以充当立法、执法和司法这三种权力互相配合、互相制约的协调器。

（五）提高制度整体能力的功能

按照过程论[①]的观点，任何事物都是一种“在途中”的事物，都不可能十全十美，制度的不完善性是现实生活中极为普遍的现象。因而对于一个国家的各项政治、经济和法律制度来说，都需要用理性的和发展的眼光去看待，以务实和不断完善的精神去实践，用“零星的社会工程”[②]的方法去改造现实当中不能适应社会发展的制度。基于这样的考虑，笔者认为，在一个宏观的制度体系当中，应当设置某种特殊的机制以完成制度的内在反思、缺陷查找和及时补救的功能。通观我国各种制度和各类公共组织，似乎还没有专门设立这样一个类似的机构。这对于信访制度而言，可能意味着一种重要的改革机遇，如果信访能够承担这样的制度功能，就可能大大提高我国民主制度的整体水平。

总之，对公共权力而言，信访可以成为一种收集多种有效信息的制度，通过信息的分析和处理，可以及时发现制度漏洞，从而使低成本纠正和改正错误成为可能；同时，由于信访所具有的特殊的协调机制，使公权力之间及国家与公民之间的矛盾和冲突得到解决，由此，国家整体的制度结构和秩序得以稳定和改善。可见，信访对于公权力来说，是一项温和的、反思的、高效的制度更新机制，具有稳定和促进民主与法治的功能。

3.5.4 信访功能的有限性及其不可替代性

在谈及信访具有上述诸种功能的同时，我们还必须认识到信访的有限性。因为信访制度在我国的宪法当中并不是最重要的一部分，在信访制度之外还有人民代表大会制度、政党制度及行政和司法制度，对国家生活和社会生活的管理、服务、监督、改进，也并不是只有信访这种方式。更为重要的是，目前我国的信访体系也远远没有达到完善的程度，信访制度本身也需要不断进行发展，许多学者对此颇为失望，甚至认为应将信访所处理的案件完全交给行政和司法机关处理。笔者认为这些意见都反映出信访制度的有限性。

①怀特海过程哲学本质上是一种关系哲学或有机哲学，也就是强调所有事物都是相互联系、相互影响的，不仅存在与存在相互联系，而且时间与空间、空间与空间也相互关联。怀特海强调相对于事物的性质（quality）而言，关系（relatedness）具有优先性的品格。参见王治河《作为后现代思想家的怀特海》，载王治河、霍桂桓、谢文郁主编《中国过程研究》（第一辑），中国社会科学出版社，2004年出版，第10页。

②卡尔·波普尔：《开放社会及其敌人》，陆衡等译，中国社会科学出版社1999年版，第50页。

尽管如此，信访却具有不可替代的优势：首先，信访解决问题的效果与司法程序解决问题的效果比较起来，更为高效、灵活，其成本也更为低廉，而且信访的范围十分广泛，这种非正式但高效的解纷机制深得人民群众的信赖。特别是在当下的中国，很多政策和法律还处于过渡时期，就更需要综合而快捷的解纷息讼途径，更需要积极的、超前的预警机制，特别是及时的反思和制度修补机制，更是整体的民主法治制度所必需的功能，信访制度恰恰可以在正式制度的空白处建立起防护网。其次，信访的功能是综合性的，是一个多种功能的聚合体，不论是对于国家，还是对于公民，信访制度都是一个难得的、可以实现复杂要求和多重愿望的制度。这种双向的信访制度，对于塑造“国家与公民之间的关系”具有重要功能，它使公民与国家各得其所。由此可见，信访制度的目的在于建设一个民主的政府，一个能够不间断听取人民呼声的政府，而政府的存在价值是保障人民的自由和权利，实现社会的和谐与稳定。信访制度在人民与政府之间，成为一个巧妙的能量转换机制，把制度的“负能量”转换为“正能量”。总之，笔者认为，信访制度的目的是以民主的方式促进民主，让民主在国家生活中运转起来。

3.6 信访机关权力研究

信访机关的权力问题是一个重要的理论和实践问题，是信访制度的关键所在，这一问题的背后隐藏着信访制度从现象到本质的一系列的重大命题：从表面上看，信访机关的权力与信访的功能和效果有着直接的关系，因为没有权力，显然信访制度就不能发挥作用，这既是信访案件不断增多的一个重要原因，也是很多信访干部不能发挥作用的一个“制度性的苦衷”；再进一步深究下去，就会发现这一问题事关信访机关与被信访机关之间的权力界分，二者之间到底是谁该管谁？为什么信访机关往往成了被信访机关的“二传手”？如果再深一步探讨的话，还会发现这一问题还与信访制度的合理性相关，它关系到信访制度的宪政基础在哪里，以及信访制度到底应否存在，其合理性、可能性到底为何的问题。

3.6.1 信访机关权力的理论探索

（一）从摩根索[①]的权力概念开始

权力的概念，不论在理论界还是实务界都存有诸多不同的观点。不同的学科和派别的观点更是精彩纷呈，其中亦不乏阐发幽微的洞见。笔者通过粗略梳理，发现国际政治学家摩根索的权力概念颇为精当，于是拿来作为切题的导引："权力是指人支配他人的意志和行为的力量。"[②]从摩根索的定义中，我们可以分析出摩根索的权力概念包含了两层意思：第一，权力是一种关系，因为它包含了权力行使者和权力承受者的意图和目的，是两个行为体之间的互动，而不是单方面的一个行为体的活动；第二，权力是一种影响，它直接作用于对方的意志和行为。因此，权力不但注重力量，更注重效果。用公式表示是：权力（Power）= 力量 + 影响力（控制力）。[③]

摩根索的权力定义可以给我们提供这样的启示：首先，要从关系的角度而不是从实体的角度看待权力，走出那种只以信访机关为主体的研究模式，这样就顺理成章地将与信访有关的主体纳入研究视野当中，而信访过程中不同主体的意志和行为恰恰是信访问题产生的根源。由此，信访问题的全貌就得以浮现出来。其次，要以更深邃的目光看待信访的权力，要看到权力之外的、更根本的影响力，这样就可以从纵深的角度来开拓信访机关的权力空间，为解决问题提供内在的基础性条件。再次，要将权力与权力结合起来研究，亦即将信访机关的权力与被信访机关的权力这对有一定矛盾之处的权力放在一个共同的问题背景之下进行考虑，这样就有可能求出问题的和解，也就是问题的正解，从而避免由于二者的权力冲突而产生隐性的背离现象。可见，摩根索的权力定义不但具有内容上的借鉴意义，而且还具有方法论上的指导意义。

---

①作为西方经典现实主义的奠基人，摩根索是公认的最著名的国际关系理论大师，他的权力政治理论学说博大精深，学术影响深刻广泛。斯坦利·霍夫曼写道："如果我们的学科有奠基之父的话，他就是摩根索。" Stanley Hoffmann. Janusand Minerva Essays in Theory and Practice of International Politics， Westview Press， 1987. P6.参见[美]汉斯·摩根索：《国家间政治——寻求权力与和平的斗争》，徐昕、郝望、李保平、王缉思译，中国人民公安大学出版社1990年版，第37页。

②[美]汉斯·摩根索：《国家间政治——寻求权力与和平的斗争》，徐昕、郝望、李保平、王缉思译，中国人民公安大学出版社1990年版，第37页。

③楚树龙：《国际关系基本理论》，清华大学出版社2003年版，第56页。

（二）信访机关的权力概念及性质剖析

由上述的摩根索的权力定义，笔者将信访机关的权力作如下的初设：信访机关的权力指信访机关在接到信访人的信访诉求或建议之后，为履行其救济、协调或反思之职责而应当具有的解决问题的实际手段或能力，具体表现为信访机关能够以多种行为方式、通过被信访机关的权力而重新形成事实的能力，或虽不能形成新的事实状态但却可以得出有益建议或结论以防再度出现类似不幸。这一概念揭示了信访机关的权力具有如下性质：

1．信访机关的权力是处于第二层位的监督权

（1）从逻辑上看，监督权与立法、行政、司法三种权力的性质有所不同，这后三种权力在宪政体制当中，属于第一层位的权力，而监督权则是属于第二层位的权力。第二层位的权力有两种方式与第一层位的权力发生关系，它既可以内含于系统，也可以外设于系统，前者表现为制度内的自省机制，后者表现为制度外的他律机制。第二层位的权力既以第一层位权力的行使为基础，也以第一层位权力的落实为归宿。由此可知，信访机关的权力属于第二层位的监督权，而且这种监督权内设于第一层位权力，不具有独立的法律地位，具有附属性。

（2）从宪政构架上看，立法、行政和司法三种权力的目标是形成一定的规范、事实和判断结果，而监督权则是对已经形成的规范和事实及判断结果进行反思，它所要解决的问题并不仅仅局限于通过矫正正义而实现公民个体的权益，其更深一层含义是通过这样的形式达成维护民主秩序和宪政制度的目的。这是信访制度的宪政价值所在。

2．信访机关的权力是间接权力而非直接权力

（1）不论立法权、行政权还是司法权，这些权力对它们所调整的对象一般都采取直接的调整方式，均具有一定的形成力，其效果带有明显的强制性，质言之，它们可以直接对相对方的利益作出分配。当行使这种直接分配的权力时，权力的主体常常以“我有权力让相对方服从”的姿态而出现。而监督权显然只能通过对权力的事后监督和纠正才能使利益得到重新分配，它的作用只能在事后通过对第一层位权力的作用才能间接实现。在这个意义上，信访权力是直接指向公法上的国家权力，也就是通过对国家权力的制约而影响对公民利益的分配。

（2）由上，便产生出信访机关权力的结构问题。立法、行政和司法权的行使对象是公民的基本权利，而且往往是对私法上的法律关系进行公法上的调整，可以用国家对个人的向度来表示。而监督权则是通过对公法调整后的法律关系再

度以公法手段进行调整，前者的权力结构中有两重架构（国家权力机关→公民），而后者则包括三重架构①。

3. 信访机关的权力是“软”权力而不是“硬”权力

（1）从对象上看，信访机关的权力直接作用于第一层位的国家公权力，而不是信访人的私权利。因此，信访机关与被信访机关之间就形成权力与权力之间的对峙和抗衡关系。但是必须强调的是，这两个权力从各自的功能上讲，是可以进行差别互补的。鉴于信访权力是第二层位的权力，信访机关必须尊重第一层位的权力决定，而被信访机关也必须尊重来自第二层位权力的监督和建议。在规范的层面上，这种“软”权力体现为：信访机关一则不得受理没有信访人举报的案件，不得主动过问第一层位的权力行使状况；二则不得包办代替，越过被信访机关直接作出最终决定。

（2）从权力的性质上看，信访机关的权力一般不具有强制性，无法律拘束力，但是信访机关的影响却是重要的制约性力量。因为，一方面，信访机关的意见代表了更加理性、更加公正、更加全面的权衡，这种力量诉诸公务员的伦理和良心等内在力量，其效果反而会更加持久、更加深远。另一方面，信访机关会由于长期的信誉积累和经验积累，获得公众的认同感，这种认同感也可以成为威信的力量源泉之一。

4. 信访机关的权力是具有综合的政治性质的权力

从现实功能来看，不能认为信访仅仅具有行政或司法方面的影响力；从信访所救济的对象来看，也不能只把信访简单地归结为对公民权利进行救济的一种方式；同时，从信访的历史来看更不能把信访看作只针对部分国家机关和部分公民之间的关系。对此，笔者认为信访制度不但关涉国家与公民之间的整体关系，同时还关涉执政党与人民之间的整体关系。因为从这种关系的互动当中可以检验建设“民主与法治国家”方略的实施情况，也可以检验“国家尊重与保障人权”的制度建设情况，更可以检验执政党与人民群众之间的信任程度。前述关系是如此复杂、如此重要，以致只能用综合的政治性来加以概括。

从以上分析可以看出，信访机关的权力属于一种间接的、第二层位的、柔软的、综合性的政治权力。因为它处于国家权力架构的更高一级层位，直接面对国家制度的整体及间接面对人民利益的全部，所以，信访只能也必须通过对公权力

①国家信访机关→国家权力机关→公民。

的制约而实现对私权的保护或对公权的监督。因此，在设计信访的权力组成时，不宜像第一层位的机关一样具有直接的形成性和强制性权力，而应当考虑配置协调性、督办性、斡旋性、指导性的权力，否则便容易冲击立法、行政和司法这些第一层位的权力，造成制度混乱。但这并不能认为信访机关的权力是软弱无力的。实际上，信访的上述权力在民主国家当中借助民主大众的力量，借助执政党政治力量及其他相关的配套制度的有效配合，反而更容易发挥其巨大的作用。

（三）信访机关实现权力的制度支持

在求证信访机关的权力概念，明确其权力性质之后，就会自然进入下一个问题视域：信访机关的权力要发生积极的作用，是否还需要以配套的制度进行支持？笔者认为这个问题也是颇为重要的，因为处于诸多复杂关系之中的信访权力如果没有其他权力机关的支持和认可，几乎是寸步难行的。目前我国信访制度当中，由于还没有来得及将配套制度协调地建立起来，所以造成信访机关的权力发挥受限，解决问题也总是显得力不从心、举步维艰。笔者认为，如果在与信访制度相关的制度层面，结合制度的性质、功能和职责设定与信访权力相配合的衔接，就可以使信访权力变成一种具有重要作用的监督力量。依凭这种力量，不但可以对公民的权利进行有效的救济，也可以将公民的民主表达进行卓有成效的汇集，更为重要的是可以通过制度内的反思来及时纠正我国体制改革过程中出现的各种问题，这对我国整个宪法制度的完善将产生十分深远的影响。具体而言，信访权力功能的发挥需要在以下相关制度中作出适当的调整：

1. 公务员制度方面。公务员的责任制度、考核制度、晋升制度、奖罚制度及离退休制度等均要与信访制度挂钩。

2. 监察、检察制度方面。监察制度和检察制度要有相应的程序与信访制度配合，以便顺利接受信访机关的委托和移送，提高效率。这样信访机关的意见才能有威信。

3. 政党制度方面。党的思想路线、方针政策的制定要适当考虑信访中突出的问题和倾向。党员生活也要及时将信访问题纳入进来考虑。

4. 立法制度方面。各立法机关应当定期收集信访机关的立法建议，将立法中的漏洞进行及时的补缺。

5. 执法制度方面。各级政府应当定期分析信访机关提供的分析报告，将报告中反映的问题及时消化处理，防患于未然。

6. 司法制度方面。各级法院应当建立与信访机关的定期联系，虚心听取信访机关的意见，纠正误审、误判及不适当的审判行为。

7.舆论监督制度方面。各级新闻单位对于信访机关的年度报告、听证会信息及重要信息要及时向公众发布。

3.6.2 信访机关权力的实证分析

信访机关的权力在实践中往往以多种权力形态和行为方式表现出来。从总体上观察，信访机关掌握着如下形态的权力：调查权、建议权、报告权、公开权、支持权、督促权、联席会议召集权及受理、交办、转送、协调、督促检察、研究、指导权等。这些权力形态充分体现出信访机关权力的性质，即信访机关的权力属于一种间接的、第二层位的、柔软的、综合性的政治权力，这与那些在立法、执法和司法当中的直接的、第一层位的、单一的权力形态有着明显的区别。

（一）新条例所赋予信访机关的权力

在新的《信访条例》（以下简称新条例）当中，赋予了信访机关诸多的权力形态，笔者择数项以举证。

1. 调查权

新条例第三十一条规定：对信访事项有权处理的行政机关办理信访事项，应当听取信访人陈述事实和理由；必要时可以要求信访人、有关组织和人员说明情况；需要进一步核实有关情况的，可以向其他组织和人员调查。

2. 建议权

新条例第三十七条规定：县级以上人民政府信访工作机构对于信访人反映的有关政策性问题，应当及时向本级人民政府报告，并提出完善政策、解决问题的建议。第三十八条规定：县级以上人民政府信访工作机构对在信访工作中推诿、敷衍、拖延、弄虚作假造成严重后果的行政机关工作人员，可以向有关行政机关提出给予行政处分的建议。

3. 报告权

新条例第二十六条规定：公民、法人或者其他组织发现可能造成社会影响的重大、紧急信访事项和信访信息时，可以就近向有关行政机关报告。地方各级人民政府接到报告后，应当立即报告上一级人民政府；必要时，通报有关主管部门。县级以上地方人民政府有关部门接到报告后，应当立即报告本级人民政府和上一级主管部门；必要时，通报有关主管部门。国务院有关部门接到报告后，应当立即报告国务院；必要时，通报有关主管部门。

4. 公开权

新条例第三十一条规定：对重大、复杂、疑难的信访事项，可以举行听证。听证应当公开举行，通过质询、辩论、评议、合议等方式，查明事实，分清责任。听证范围、主持人、参加人、程序等由省、自治区、直辖市人民政府规定。

5. 支持权

新条例第三十二条规定：对信访事项有权处理的行政机关经调查核实，应当依照有关法律、法规、规章及其他有关规定，分别作出以下处理，并书面答复信访人：（一）请求事实清楚，符合法律、法规、规章或者其他有关规定的，予以支持；（二）请求事由合理但缺乏法律依据的，应当对信访人做好解释工作；（三）请求缺乏事实根据或者不符合法律、法规、规章或者其他有关规定的，不予支持。

6. 督促权

新条例第三十二条规定：有权处理的行政机关依照第三十二条第（一）项规定作出支持信访请求意见的，应当督促有关机关或者单位执行。第三十六条县级以上人民政府信访工作机构发现有关行政机关有下列情形之一的，应当及时督办，并提出改进建议：（一）无正当理由未按规定的办理期限办结信访事项的；（二）未按规定反馈信访事项办理结果的；（三）未按规定程序办理信访事项的；（四）办理信访事项推诿、敷衍、拖延的；（五）不执行信访处理意见的；（六）其他需要督办的情形。收到改进建议的行政机关应当在30日内书面反馈情况；未采纳改进建议的，应当说明理由。

7. 联席会议召集权

新条例第五条规定：县级以上人民政府应当建立统一领导、部门协调，统筹兼顾、标本兼治，各负其责、齐抓共管的信访工作格局，通过联席会议、建立排查调处机制、建立信访督查工作制度等方式，及时化解矛盾和纠纷。

8. 受理、交办、转送、协调、督促检察、研究、指导权

新条例第六条规定：县级以上人民政府信访工作机构是本级人民政府负责信访工作的行政机构，履行下列职责：（一）受理、交办、转送信访人提出的信访事项；（二）承办上级和本级人民政府交由处理的信访事项；（三）协调处理重要信访事项；（四）督促检查信访事项的处理；（五）研究、分析信访情况，开展调查研究，及时向本级人民政府提出完善政策和改进工作的建议；（六）对本级人民政府其他工作部门和下级人民政府信访工作机构的信访工作进行指导。

（二）有待于完善之处

应当承认，在新条例当中所规定的这些权力形态与原来的旧《信访条例》相比有了很大的进步，不但体系更加系统化，而且条文更加规范化，可操作性也有明显提高。但是，其中有些条款的规定仍然存在一些问题，笔者从中择出几例以示探究，以期为将来进一步完善新条例稍献微薄之力。

1. 对于调查权的规定有待于进一步完善

新条例规定之不足：

首先，调查之必要性强调不足。要解决好信访问题必须以事实真相为基础，信访机关不能只听信访人的一面之词，被信访机关提供的情况同样值得认真考虑。同时，信访机关要提出更合理的建议，就必须立足于真实的客观实际。因而并非只在“必要时”才可以要求信访人和被信访机关说明情况，“进一步核实有关情况”，而是要在每一次处理信访案件时都要认真核实有关情况。信访的基本工作原则是只要有“访”，就要有“查”，有访无查，信访机关就无法进行深入的研究，也就不能找出问题的症结所在。

其次，缺乏被信访人对调查进行配合的规定。现实中很多信访干部为了解真实情况而奔波，但其辛苦却受到被信访机关的漠视和躲避。其实按照现代法治原理，本应当由被信访机关主动到信访机关去说明事实原委才对。由于缺乏对于被信访机关配合调查的规定，往往造成如下流弊：一是信访的事实不容易查清，使信访机关的职能在此受到阻却；二是信访机关的监督权无法落于实处，形同虚设；三是信访机关的权威遭到被信访机关“合法”的抵制。

鉴于上述考虑，笔者建议加强对信访调查权的建设，调整《信访条例》第三十一条之规定：

信访机关应当听取信访人和被信访人陈述事实和理由；信访机关有权要求与信访事项相关的信访人、被信访人及有关组织和人员说明情况、提供相关法律依据和事实依据；信访机关认为需要进一步核实有关情况的，有权向相关组织和人员调查，相关组织和人员有义务配合。

修改理由：

首先，这样的规定更加符合第一层位权力与第二层位权力之间的关系原理。在第一层位上，信访机关无权干涉被信访机关的决定，但在第二层位上，信访机关的监督权则高于第一层位的权力，因为如果否认这样的制度逻辑，监督权力就有被“虚无化”的危险。

其次，这样的规定更有利于建立信访机关的权威，更有利于查清事实，为信访机关提出合理化建议和整改措施铺平道路。

再次，这样的规定同样有利于提高行政效率，实现建设法治政府、服务政府的目标。

2. 对于建议权的规定有待于进一步横向调整

新条例规定之不足：

首先，对信访建议权的权威性认识不够。现实中信访机关的建议往往不被信访机关尊重，从某种意义上来说，这个问题是信访机关与被信访机关之间权力冲突的一种曲折再现。被信访机关常以自己拥有第一层位的"硬"权力作为盾牌，将信访机关挡在门外。但是这种做法恰恰是法治的大敌，因为它不但使自己已经犯下的错误得不到纠正，同时也侵犯了第二层位的"软"权力，其最终结果还会在客观上造成整个制度都处于分裂和冲突状态。在此，笔者认为，我们必须具有一种更加开阔的认识，这就是要认识到权力的公共性和整体性，因为权力并不是某一个部门不受限制的"专利"，恰恰相反，权力本身具有公共属性，不论什么级别、什么性质的权力，它都属于人民；同时任何部门也都不得以部门利益抗衡整体利益，权力只有成为一个有机的系统，才能成为管理国家、建设国家的有效工具，因此，部门利益必须服从于国家利益，被信访机关必须放弃部门立场。

其次，建议权的转化机制没有充分建立。信访机关一般是基于现实法治进展和当前实际问题而提出建议。由于这些建议所具有的实证性、具体性、客观性和真实性，往往能够提出比较中肯的意见。因此，不论是立法机关，还是行政机关抑或是司法机关都应当以此为借鉴，对其自身管理体制进行改进。可以想见，如果信访机关的建议能够被有效采纳，就有可能对国家公权力的运行发挥重要作用，避免将来再走弯路。

鉴于上述考虑，笔者建议加强对于信访建议权的建设，调整《信访条例》第三十七条规定：

信访机关可以针对信访个案、被信访公务员个人、被信访机关的管理制度及所制定有关政策提出奖励、惩罚、移交、改正、补救等内容的建议，上述建议应当被尊重和采纳。信访机关有权要求被信访机关提供回复报告，对于不能令信访机关满意的回复报告，信访机关有权要求其再回复，或者决定将其报告公开，诉诸公众。

修改理由：

首先，对于信访机关的建议有必要进行细化分类，可以根据信访人的信访内容进行归类，这样就可以使信访机关的建议更具有针对性和可操作性，提高信访建议的可适用性，进而提高其权威性。

其次，增加信访机关建议的权威性，以法律规范的形式进行确认。

再次，增加被信访机关的责任约束，回复报告制度设计的主要目的在于提醒其认真落实信访建议。

3. 对于公开权规定有待于进一步加强

新条例规定之不足：

首先，对政务公开的发展趋势没有很好的把握。在我们的传统意识中，国家的机密和国家的利益占了很重要的位置。同时，由于信访机关与被信访机关的隶属关系也影响了利用公开的方式进行监督的积极性。但是随着我国法治进程的加快，信息公开的进程也会随之加快。就目前我国现有的法律法规来看，《行政处罚法》《行政许可法》等多部法律法规当中均已将听证会作为一项重要的制度进行建设。

鉴于上述考虑，笔者建议增加对于信访公开权的建设，增加如下条款：

信访机关有权决定以下信访事项的公开：

（1）信访事项或信访事项专项调查报告；

（2）信访机关建议报告；

（3）信访机关的年度报告；

（4）信访机关对各被信访机关的评价报告。

修改理由：

首先，借助公开，信访机关可以把调查报告的内容公布出来，使信访事件得到更多的关注，引起公众的理性思考。同时，借助公开建议报告，可以督促被信访机关改进工作。不论是哪一种形式的公开，对于信访机关和被信访机关都是有好处的，一则信访机关可以得到公众的支持，树立权威，而被信访机关则可以受到公众的监督，完善自己的管理。

其次，公开权可以与调查权、建议权结合起来，成为信访“软”权力的“硬核”，增加信访机关的权力空间，树立信访机关的权威。

综上，笔者认为，在理论上，应将信访机关的权力定位于一种间接的、第二层位的、柔软的、综合性的政治权力，信访的这种权力既不能超越第一层位的权力，也不能代替第一层位的权力，而只能在尊重第一层位权力的基础上进行监督，信访机关也只能采取调查、建议和公开的方式进行工作，而不能用强制、代替和命令的方式。但是，信访机关的权力并不能被认为是软弱无力、毫无作用的，事实上与此正相反，信访的“软”权力可以借助一些配合性的制度“硬”起来。因为信访是立于民主和法治之上的制度：作为第一层位权力的监督机关，信访机关的建议代表了民意，信访机关有权建议被信访机关采取完善措施、解决问题。同时，信访机关还可以采取公开的方式，将其报告诉诸公众，毕竟，公众是一个国家中重要的民主监督力量，那些不合法、不合理甚至难以让人满意的失当行为是难以招架住公众的审视目光的。由此可知，信访的“软”权力可以借助某些制度变得“硬”起来。而从实证的角度来看，这次新条例印证了信访权力的上述性质，并以此认识为潜在基础，建立起比较合理的权力体系。但是，由于配套制度尚未进行相应调整，其中有些条款的规定仍然存在一些问题，需要进一步完善。

第 4 编：制度规范研究

信访工作也类似于拯救制度，在其他权力机关无能为力的时候，可以代为处理这些专业难题，并加以稳妥地恢复，减少不必要的社会动荡和体制伤害。

通过前文的历史性追溯，发现了信访制度之所以兴盛的原因，同时也看到了信访制度的诸种纠结之所在。在信访制度的原理探讨之后，我们对信访制度的定性、定位、模式选择进行研究。再者，通过对信访制度基础的奠定、功能的建构以及权力的挖掘，得出信访制度类似人体免疫功能的修复—纠错的本质属性以及作为制度整体的民主监督之制度定位。由此，本编将在前面研究的基础上，继续进行规范的建构研究，以具体的条文来探索未来的信访之路。

本章所提的《信访法》仅为信访专家提的一个草案，并为真正实施。为了方便说明问题，暂时称它为《信访法》

4.1 为何要立新的《信访法》

在理论界，对信访制度未来何去何从的争议非常之大。在法学界，以马怀德教授的观点为主流观点。他认为："限制信访的无限制扩大，将各类纠纷有效引导到法治轨道上来。"为此，"必须对信访制度及诉讼等制度进行较大力度的改革，使之更加适应新形势下社会矛盾和纠纷解决的要求"。首先，重新认识信访功能，严格限制信访范围，使信访回归到下情上达、了解信息、转交信件的最初定位，尽可能限制信访在案件实体处理方面的功能，将各类涉法涉诉信访案件剥离至司法救济渠道。其次，建立起信访与复议、诉讼、申诉等法定纠纷解决渠道的衔接机制。鼓励行政复议机关与人民法院在信访机构设立接待室等，使大批涉法涉诉的信访案件直接进入复议诉讼等程序。再次，修改相关法律，扩大行政复议、行政诉讼和民事诉讼等受案范围，降低起诉条件。改革审判方式，扩大调解和解范围，改革两审终审制度，将审级增加为三级，降低当事人诉讼成本。提高司法裁判的公信度，将各类争议尽可能吸引到正式的救济渠道上来。①而在社会学界，代表性观点来自建嵘教授，他"关于信访制度改革的主要设想是，第一步，弱化。取消中央机关各部门在京的接访机构，在各大区设置'中央信访接待中心'；访民进京不限制、不通报、不要求接访，在京违法犯罪行为由北京市司法机关依法处理；第二步，撤销。建立人民代表接访制度；撤销信访局设置并入司法部门，加强司法调解和援助。第一步的基础是制度自信；第二步的前提是司法公正"。②

①马怀德：《是"信访"还是"信法"》，载《学习月刊》2010年第2期。

②于建嵘：《信访制度改革需要顶层设计》，载《民主与科学》2016年第12期。

而政治学界的王浦劬教授则认为应当发展与完善信访制度，他从信访的政治属性来确定信访的政治定位，王教授认为："社会民生的实现，重要途径之一在于治理民主的实现，而治理民主的运行，又恰恰是社会民生触发、促成和推进的，并且最终落实为社会民生的实现。政治权力的良政善治与公民权利的维护、实现和救济的相互联动、转变和辩证结合，正是中国特色社会主义民主政治与民生政治互为因果、互动联系、互相转变的治理逻辑和实现特点。以此反观行政信访制度，可知其政治属性得以通过体制机制改进和政治实践充分实现其政治属性的现实途径，并不在于行政信访制度的废立去留或者信访机构权能的分割转移，而在于发展完善我国根本和基本政治制度的同时，从建构国家与社会、政府与公民的理性与和谐互动关系着眼，从实现政治民主、治理民主与社会民生的有机结合着力，从执政党执政方式转变和国家治理多维价值的包容协调和均衡达成的体制机制改进完善和复合建构着手，不断完善和发展这一制度。"

可见，以上前两种观点基本一致，对于信访制度的未来方向，马教授的处方是"回归本位、融入法治"，于教授的处方"先弱化、再撤销"。王教授的处方是"站位政治、完善发展"，即以信访制度"是一项以治理民主、实现社会民生的政治制度"为制度之基石，全面完善，不断发展信访。在冲突纷争如此之大的理论洪流之下，信访制度何去何从呢？

笔者以为，应当以更高位阶的立法回应时代的需求，通过立法重新塑造信访制度，整合信访机构，成立独立的信访委员会，赋予信访委员会特别的"软权力"和"硬权力"，使信访居于民主治理、民主监督之位，发挥修复、纠错、监督、救济的综合功能，使信访成为能够维护法治体系整体运行的特别制度，以法治体系的健康作为制度的终极目标。

4.1.1　《信访法》能够解决中国什么样的问题

（一）制定《信访法》是落实依法治国战略的新起点

党的十八届四中全会提出全面推进依法治国的总目标，"建设中国特色社会主义法治体系，建设社会主义法治国家。这就是，在中国共产党领导下，坚持中国特色社会主义制度，贯彻中国特色社会主义法治理论，形成完备的法律规范体系、高效的法治实施体系、严密的法治监督体系、有力的法治保障体系，形成完善的党内法规体系，坚持依法治国、依法执政、依法行政共同推进，坚持法治国家、法治政府、法治社会一体建设，实现科学立法、严格执法、公正司法、全民守法，促进国家治理体系和治理能力现代化。实现这个总目标，必须坚持中国共产党的领导，坚持人民主体地位，坚持法律面前人人平等，坚持依法治国和以德治国相结合，坚持从中国实际出发”。十九届四中全会进一步提出了“坚持和完善中国特色社会主义制度、推进国家治理体系和治理能力现代化的总体目标”，并指出实现的路径，“必须坚定不移走中国特色社会主义法治道路，全面推进依法治国，坚持依法治国、依法执政、依法行政共同推进，坚持法治国家、法治政府、法治社会一体建设，加快形成完备的法律规范体系、高效的法治实施体系、严密的法治监督体系、有力的法治保障体系，加快形成完善的党内法规体系，全面推进科学立法、严格执法、公正司法、全民守法，推进法治中国建设”。

就信访而言，建立新的信访制度体系直接关系依法治国战略的关键点：因为不论是建立法律规范体系、法治实施体系、法治监督体系、法治保障体系，都需要配套的问题反应机制、矛盾调整机制、快速处理机制、错误修正机制。而在我国目前制度体系当中，只有信访能够担当此任。信访机关的普遍性、信访案件重视程度高、信访范围的宽泛、信访形式的多样化、信访结果的高效等优势恰恰与全面建设法治国家的总目标相吻合。

（二）制定《信访法》是实现依法治国战略的关键点

信访制度的发展史告诉我们，信访是反映制度问题的窗口。党的政策有问题，人民群众来信来访反映问题。如“文化大革命”的问题、人口政策的问题等；立法有问题，人们用建议的方式去信访；执法有问题，人们向政府提出信访；司法有问题，人们向上级司法机关和政法委反映问题。特别是还有一些综合性的、关联性的、群体性的问题，信访人找人大，找政府，找法院，从地方上访到中央。这些现象显示出信访问题不是某些人、某些机关的问题，而是整个国家制度的设计及制度运行中存在的普遍性的问题。实践证明，新中国成立以来的种种问题的解决都与信访制度有直接而密切的关系。信访制度是具有纠错功能、修复功能的有效机制。除了信访制度以外，我国的法律制度体系中没有其他的制度具有这种功能。通过信访这个小小的窗口，可以查看整个法律体系的状态。党的十八大五中全会提出：“坚持创新发展，必须把创新摆在国家发展全局的核心位置，不断推进理论创新、制度创新、科技创新、文化创新等各方面创新，让创新贯穿党和国家一切工作，让创新在全社会蔚然成风。”因此，通过行之有效的信访制度，我国的法治体系才可能发现不完善的地方，进而才有法律制度全面升级的可能性。

（三）制定《信访法》是保障依法治国良好状态的控制点

实施法治的国家不一定都能制定出良法，而良法善治是现代法治的应有之义，作为一个法治国家，应当追求这种良法善治的境界。我国目前虽然已经初步建成了社会主义法律体系，但从立法、执法和司法的三大环节上看，依然存在缺陷与不足。如何有针对性地补足法治体系中所缺乏的，如何废除、清理不适应时代的立法，如何修改有错误的执法，如何实现真正公正的司法，是当下中国法治进程中的关键问题。在我国现有的制度体系中，除了信访制度能够在政党、政府、人民之间建立一个稳固、宽广的制度平台外，并无其他类似制度可以起到这样信息全面汇集、公务人员广泛监督、权利救济综合保障的制度。

而《信访法》则恰恰调整了三重社会关系：政党、政府、人民之间的实践关系，将政策问题、立法问题、执法问题和司法问题一并纳入《信访法》，对上述问题作事后性、补充性、统合性、完善性的调整，使党的领导更加正确、人大的立法更加科学、政府的执法更加有效、司法的判决更加公正。总之，通过《信访法》的调整，可以使党的领导处于稳固、亲民、有公信力的良好状态，同时也使我国的法律体系更加完善、状态更加良好。

（四）《信访法》是法治保守性的道德解决方案

建设法治国家无疑是一件好事，但由于法律制度要求稳定，不能朝令夕改，随之而来的是法律的保守性和僵化性问题需要正视。虽然社会条件不断变化，但法律并不能总是与时俱进。因而，在法律的保守性与现实的更新性之间就需要一种灵活的机制来平衡。在新中国的发展史上，经常出现合法但不合理（比如城市与农村之间的分配差异）或者合理而不合法的现象（比如 1979 年之前的农业生产责任制问题），这些现象都说明法律并不能解决所有的社会问题。而在此情形下，将这些问题反映出来、提炼出来，修正不合理的部分，或者制定新的法律制度，都需要超越现有法律制度，在一个更根本的层面上去寻求更恰当的解决方案，这就是人们的理性、道德、良知层面。由于这一层面的方法比法治的方法更为直接、有效、稳定，因而道德可以作为法治弱点的一个补充，而信访制度恰恰是在这个层面上为法治体系带来内省、更新的机会。

4.1.2 新的《信访法》有哪些创新

（一）新的概念、新的制度

《信访法》是一个全新的概念，是采用广义信访的概念，而不是专指某一系统的狭义信访，其覆盖范围大大超过目前的《信访条例》，即将人大信访和司法信访也都放在这部法律里实施。信访委员会是独立的机关，不隶属于任何一个机关，是专门处理信访问题的机关。对信访问题实行分级、分类解决机制，因此，效果也有根本性的改观。

《信访法》第三条规定：本法所称信访，是指公民、法人或者其他组织采用书信、电子邮件、传真、电话、走访等形式，向各级信访机关反映情况，提出批评、建议、意见或者投诉请求，依法由信访委员会审理的活动。

（二）新的定性、新的功能①

信访的性质是确定信访制度功能的前提和基础，根据信访的性质和功能来定位制度的结构，从而最终建立制度的基本原则体系。这是一个有内在逻辑关联的制度体系。首先，信访制度具有四种属性：信访是重要的民主机制，信访是三位一体的“免疫”机制，信访是“反思一改错”的“再处理”机制，信访是国家伦理的重要检验标尺。其次，信访具有实现民主、理性反思、高度整合、保障制度安全、防范风险以及保守国家伦理价值的诸种功能。

《信访法》第二条规定：“本法所称信访机关，是国家依照行政区划而设立的各级信访委员会，专门负责处理各类信访案件的国家机关。”

（三）新的定位、新的机构

在国家整体的宪法框架内，信访机关必须有独立的存在形式；与立法机关、执法及司法机关的关系上，至少要平等或者高于这三个机关；在权力的位序上，信访是第二层位的权力形态，具有被动、慎重的品格；在实现法治的整个过程中，信访处于承上启下的中间环节上；在国家动态发展中，信访是一个与时俱进的现实舞台，是人民群众参与国家生活的选择途径。

建立一个与立法、执法、司法机关相平行的独立的信访委员会，赋予其一定

①信访制度具有多种属性：信访制度既是彰显国家之爱、承载人民之信与促进官民和谐的法定机制，也是政治与法律之间动态民主、国家整体制度的关系协调机制，同时，信访制度还是简便高效的权利救济、法治体系的事后反思及法律事实的个别筛选机制，最为重要的是，信访制度是国家活力的健康免疫机制和国家道德的良心检验机制。信访制度法律属性决定了信访制度在国家制度体系中的定位、功能、范围、权力分配及实施效果。

的软权力和硬权力，使其以三角形裁判结构、新的民主审理模式来应对大量信访案件，从而将信访事件转化为信访案件，增加社会稳定系数。

《信访法》第十三条规定：“信访委员会独立于政党机关、人民代表大会、政府机关、审判机关、检察机关等公权力机关，是专门负责对国家法律体系、国家机关及其工作人员进行监督、反思和纠错的机关。”

（四）新的职能、新的界限

信访的新职能是对法治体系存在的问题进行全面反思和解决，是一个法治体系的医生角色。

关于信访委员会与被信访机关之间的权力界限，信访委员会应充分尊重被信访机关所做出的处理结果，承认其效力先定原则。信访委员会以被动、综合、穷尽救济为基本原则。

《信访法》第十七条规定：“各级信访委员会具有如下职能：

受理并审理各类信访案件。

根据信访案件审理结果修正、改正国家机关的错误行为。

根据信访案件审理结果向国家有关机关提出指导性建议和措施。

根据信访案件向国家有关机关提出公务员处理的建议。”

《信访法》第四十条规定：“信访人出示穷尽救济的证明，证明所提起的信访案件已经穷尽所有救济手段。”

《信访法》第四十一条规定：“信访委员会充分尊重其他国家机关的权力，在信访委员会作出的终局审理结果生效之前，不得改变被信访人所作的原处理决定。”

《信访法》第四十二条规定：“信访机关受理政治、立法、执法和司法机关已经处理完结的案件，包括如下信访案件：

信访人认为政治措施、政策、方针、路线等有问题、有错误的案件。

信访人认为法律、法规及法律规范有问题、有错误的案件。

信访人认为行政机关及其工作人员工作不当、过失、违法、犯罪的信访案件。

信访人认为司法机关及其工作人员判决不公、营私舞弊、徇私枉法的案件。
信访人认为国家机关的行为侵犯其合法权益的其他类案件。”

《信访法》第四十三条规定：“信访委员会不受理如下类型的信访案件：

针对正在制定的政治措施、政策、方针、路线而提起的信访案件。

针对正在制定当中的法律、法规及法律规范而提起的信访案件。

针对正在处理过程中的行政机关及其工作人员而提起的信访案件。

针对正在审理过程中的司法机关及其工作人员而提起的信访案件。

有关国家安全、国家机密的其他类信访案件。”

（五）新的对弈方式

信访案件的审理采用双方当事人自由选择合议庭成员的方式，增加合议庭的民主方式。

信访双方当事人可以采用顾问团组队对弈的方式进行充分说理。

《信访法》第三十条规定：“当事人、法定代理人，可以委托他人代为参加信访案件的审理。

律师、社会团体、提起诉讼的公民近亲属或者所在单位推荐的人，可以受委托为信访代理人。”

《信访法》第二十九条规定：“提出信访案件的公民、法人或者其他组织是信访人。

与信访人所提起案件的相关国家机关是被信访人。

作出最初决定的机关是第一被信访人，作出第二个决定的机关是第二被信访人，依次排列。

与信访人利益相关的其他公民、法人或者其他组织是信访第三人，可以由信访委员会通知其参加信访案件审理。”

（六）新的架构、新的审理模式

信访委员会处理信访案件，采用三角形的司法仲裁模式，信访人与被信访人处于两个对等的地位，信访委员会处于裁判地位，对信访案件进行审理，通过审理程序得出公平的裁决。

（七）新的操作、新的平台

在信息时代里，《信访法》的实施必须配有一个具有实际操作性的网络平台。这个平台是信访委员会受理和审理信访案件平行的工作平台。具有展示、公告、咨询、审理、统计等诸种功能。建构全国统一的信访大数据平台，远程开庭、远程调查、远程监控，引入人工智能进行陪伴开导、咨询指导，信息公开，免费咨询，志愿服务。使信访制度文明化、现代化、智慧化。

《信访法》第二十条规定：“国家信访委员会设立统一性、综合性、公开性、智能型的信访网络平台。

国家信访委员会遵照国家信息公开原则，对其所处理的信访案件、涉及的法律规范等均在网络平台上公布。”

4.1.3 新《信访法》的亮点

（一）大跨度整合：与现有体制高度衔接契合

信访职能现在被分散于人大、政府和司法机关及其他机关，作为这些机关的内部机构只能处理内部的信访事项，因而这就犯了自己作自己法官的忌讳。又由于权力低于这些机关的权力，因此根本无权处理信访案件。新的《信访法》将分散的机关进行一体化、升级化处理，形成一个合一的、独立的组织机构，全面处理各类信访案件，将极大地提高效率。《信访法》将信访委员会单独列为一章，全面规定信访委员会的新机制。

事实上，在国家中央层面，全国人大、国务院、最高法院、最高人民检察院各有各的信访规范体系，但在地方层面，地方人大、政府、法院、检察院，都受地方信访条例的调整。可见，从地方来看，合一的信访立法已基本成势。① 因此，在国家层面，顺应形势、遵循规律成为必然选择。

（二）宽泛的受理范围：不转、不交，完全受理，亲自承办

信访委员会受理的信访案件范围十分宽泛，不论是立法信访案件、还是执法和司法信访案件，抑或是综合性质的案件，信访委员会全部受理，全面解决我国目前存在的信访案件受理难的问题。

信访委员会内部设置不同类型的分会，分别处理不同类型的信访案件，如政治类信访、立法信访、执法信访、司法信访、综合信访等。

《信访法》第四十二条规定：“信访机关受理政策、立法、执法和司法机关已经处理完结的案件，包括如下信访案件：

信访人认为政治措施、政策、方针、路线等有问题、有错误的案件。

信访人认为法律、法规及法律规范有问题、有错误的案件。

---

①如《河北省信访条例》于2015年9月25日已经在河北省第十二届人民代表大会常务委员会第十七次会议日通过，现予公布，自2015年12月1日起施行。第二条：信访人在本省行政区域内的信访活动和本省国家机关的信访工作，适用本条例。本条例所称信访，是指公民、法人或者其他组织通过书信、电话、网络或者走访等形式向国家机关反映情况、表达意愿、提出建议或者投诉、控告、检举，并由有关国家机关依法进行处理的活动。本条例所称信访人，是指采用前款规定的形式进行信访活动的公民、法人或者其他组织。本条例所称国家机关是指本省行政区域内的国家权力机关、行政机关、审判机关和检察机关。又如，安徽省和吉林省《信访条例》也作类似规定。

信访人认为行政机关及其工作人员工作不当、过失、违法、犯罪的信访案件。

信访人认为司法机关及其工作人员判决不公、营私舞弊、徇私枉法的案件。信访人认为国家机关的行为侵犯其合法权益的其他类案件。”

（三）节省大量社会成本

将目前我国各级不同的信访机关整合成为独立的信访委员会，国家不但不用多投资，而且从整体上还节省办公成本和维护稳定的成本。对于信访人来说，信访案件不收受理费，而且还鼓励信访人进行逐级信访，让信访人看得见正义的实现过程。这样的制度可以审慎、负责地处理信访案件，一事一结，从而全面清除制度隐患。

（四）建立专业的信访委员队伍

信访委员会的人员聘用采用两种方式，一种是专职的，还有一种是兼职的，专职人员专业、稳定，兼职人员则突出民主、公平的设计思想，专职的需要支付工资和福利待遇，兼职人员只付劳务报酬，这样可以大大节省人员开支。

（五）长远的社会稳定效益

信访人跑信访带来诸多社会隐患，其目标在于引起领导人注意，再得到批示后得以解决问题。而这个上访过程充满艰辛和变数，给信访人带来了诸多不便甚至痛苦。而新的《信访法》则首先用全面受理的原则安抚信访人的不安；其次，用信访人可以选择信访委员的方法使信访人得以公平地对待；再次，使信访机关成为信访案件的被告，平等的地位使得信访人摆脱被处理人的被动地位；最为重要的是信访人可以逐级申诉到国家最高信访委员会，得到终局的审理。这就可以使信访人对社会的公平充满期待和信任，有效地减轻社会对立和仇恨，从而建设一个温馨、和谐的社会环境。

《信访法》第八条规定：“信访案件不限申诉级数，对信访案件审理结果不服的，可逐级上访直至国家信访委员会。”

（六）矛盾分流，提高行政效率

在现有的信访体制下，领导重视、领导批示占了重要的位置，影响了领导的注意力，同时也束缚了领导的主要精力。而事实是即使领导作了批示也仍然要按照“不得越权”的原则让原有权机关处理，因为领导的批示不能代替原机关的处理决定。这样领导的时间精力投入不但是没有效率反而是负效率了。新的《信访法》把麻烦的、棘手的信访事项从各级领导的工作内容中挪走，转移到更专业、更公平、更民主的解决程序当中，极大地提高了现有的办公效率。

（七）形成信访案件高效的解决机制

新的《信访法》建立在统一法治、错误必须纠正等几个基本原理的基础之上，它只针对整体制度运行中的矛盾、错误和纠纷，保障的是国家整体制度的运行，是对国家整体的保障，用这种积极、全面、高效的制度代替原有的、不完善的信访制度显然对国家是有很大好处的。

《信访法》第七十条规定了四种信访裁决方式："信访委员会经过审理，根据不同情况，分别作出以下判决：（一）原处理行为理由充分，证据确凿，适用法律、法规正确，符合法定程序的，判决维持。（二）原处理行为有下列情形之一的，判决撤销或者部分撤销，并可以判决被告重新作出处理行为：1. 理由不充分的；2. 主要证据不足的；3. 适用法律、法规错误的；4. 违反法定程序的；5. 超越职权的；6. 滥用职权的。（三）被告不履行或者拖延履行法定职责的，判决其在一定期限内履行。（四）行政处罚显失公正的，可以判决变更。"

4.1.4 《信访法》的价值

《信访法》作为法律制度的一个必要组成部分，必须以正义为其终极价值。作为具体法律规范的《信访法》调整国家与公民之间的法律关系，因而也具有作为它本身的存在价值，具体来说包括两个层面：

对于个人而言，信访制度具有保障权利、民主参与、实现公平的价值。对于国家而言，具有纠正错误、监督震慑、促进法治体系健康的价值。

作为一个国家，必须要有统一的、稳定的国家价值观。统一的价值观可以凝聚民族合力，为国家提供一个一致的前进方向，稳定的价值观可以保证国家发展的平稳状态，使国家的发展可以持久。

为此，国家必须要有一种内省机制，来仔细地查看国家机构的运行以及人民的行为是否偏离这些统一的价值观。这种内省机制可以发现国家法治过程中所产生的错误；同样，这种机制还必须要有能够有效处理这些错误的能力。

《信访法》的目标是通过对信访案例的处理，发现信访人与被信访机关之间的问题的症结，通过修复这些问题，总结制度运行的基本经验，保持国家机体的健康与完好。

《信访法》的价值为以下几点：

（1）提高党的依法执政能力；

（2）以可见的方式实现正义；

（3）保持国家机关的正常秩序；

（4）实现社会的安全稳定。

4.1.5 为什么现在的《信访条例》不能具有这种价值

现行的《信访条例》，陷入一个奇怪的制度僵局当中：

一是现行《信访条例》只是国务院对于政府内部信访工作的规定，不能解决人大、司法机关的信访问题。因为政府不能越位解决本权力机关以外的问题。而如果政府只解决自己的信访问题，实际上是自己做自己的法官，这种自己改正自己错误的逻辑恰恰是违反行政法基本原理的，这一点也正是行政信访解决问题效率不高的原因所在。

二是现行《信访条例》，不具备改正党的执政错误的功能。而中国共产党是执政党，是管理国家的政治力量。而公民到各级中国共产党的机关去信访的行为，则没有包括在《信访条例》的调整范围之内，这样就使得人民群众与共产党之间的联系得不到信访法律的保障。假设，再发生类似“文化大革命”的事件，人民群众也不能依据这部条例信访。而中共中央《关于全面推进依法治国若干重大问题的决定》指出：“实现立法和改革决策相衔接，做到重大改革于法有据、立法主动适应改革和经济社会发展需要。实践证明行之有效的，要及时上升为法律。实践条件还不成熟、需要先行先试的，要按照法定程序作出授权。对不适应改革要求的法律法规，要及时修改和废止。”由此可见，《信访条例》需要与时俱进，以立法的方式拓展信访的制度空间。

三是现在的信访制度机构不独立，没有解决问题的权力，只能转办、督办，没有直接处理问题的权限。而如果机构独立，又不是国务院所能够决定的，且在目前的法治体系里，信访机关又无“地方”可以安置，只是人大、法院、检察院内部的一个机构而已，只能解决这些国家机关内部的信访问题。

鉴于上述理由，我们不能指望只将现行《信访条例》简单修改成《信访法》，提高法的位阶就算了事，而是需要在理论研究的基础上，解决信访机关的性质、定位、功能设定等系列关键问题，真正打开上述三个信访制度的“死结”。

4.1.6 《信访法》有哪些要点

（一）《信访法》设立综合性的信访委员会，是所有信访机关的联合体，是立法机关、执法机关和司法机关之外有法律授权的机关，具有独立的信访案件处理权。

（二）《信访法》为信访委员会配备全备的权力解决信访案件。立法机关、执法机关和司法机关将受理的权力、裁决的权力和执行的权力授权给信访委员会，信访委员会是一个实权委员会。信访委员会在得到授权之后，将权力分解为：信访案件受理权、信访案件听取权、信访案件劝慰权、信访案件报告权、信访案件公开权、信访案件支持权、信访案件督促权、信访案件协调权、信访案件指导权、信访案件调解权、信访案件调查权、信访案件审理权、信访案件听证主持权、信访案件命令权、信访案件裁判权、信访相关问题的建议权、信访裁决的强制执行权、联席会议召集权。信访案件审理过程中，信访委员会可以根据案件情形灵活运用上述权力审理信访案件。

（三）《信访法》全面解决信访问题。《信访法》将信访问题分成五类：政治类建议信访、立法建议类信访、执法类信访、司法类信访以及综合性信访。这五大类信访几乎可以覆盖所有的信访案件。

（四）《信访法》规定了信访案件的条件为穷尽救济原则，即已经在政策阶段、立法阶段、执法阶段、司法阶段走尽了所有的可能的程序，再也无法救济了。具体而言，政策已经制定并处于执行当中，立法类信访案件，必须是法律已经颁布实施；执法类信访案件，必须是经过复议或复议不受理的案件；司法类信访案件，必须是经过二级终审或者再审及起诉法院不予受理的案件。这时才可以提起信访案件，信访为最后兜底的希望渠道。

（五）《信访法》规定了等待制度，让那些双方情绪严重对立、当事人有精神异常、重大疾病以及可能引发严重社会危险的案件进行缓压性处理。

（六）《信访法》规定了逐级上访制度，终局是国家信访委员会。信访人可以逐级上访，直到国家信访委员会。这种设计为的是给信访人更多救济权利的机会。尽量把不正常的上访收纳到正常的上访范围，达到充分诉冤、解怨的效果，预防矛盾激化，缓解社会冲突。

（七）《信访法》规定了免费的信访制度。原因：一是因为信访案件在前一程序已经收过相关的费用，不需要重复收费。二是信访不收费已经成为一种传统。

三是因为信访人大多经济困乏，自身无力承担。四是信访案件本身具有公共性，不应只由信访人独立承担。

（八）《信访法》实行开放的审理制度。采用司法式的审理模式，信访人与被信访人进行公平博弈，信访委员会进行裁决。合议庭采取民主式评议、集中式表决的模式。每个合议庭人员的意见都写在裁决书里，最终形成统一意见写进裁决书。

（九）《信访法》规定信访专家和公众媒体作为信访委员会审理的辅助形式，双方可以根据自己的诉求，自由选择合议庭组成人员，具有仲裁的特点，增加信访人对裁决的信服程度。

（十）《信访法》规定了听证会作为审理的可选择的环节。信访当事人有一方要求听证，则信访委员会在审理时应当给予听证机会，没有要求的，在庭审过程中通过举证和质证环节解决。没有通过听证和质证的证据不能作为定案证据使用。

（十一）《信访法》规定的递进式的执行制度。裁决结果首先由双方自觉履行，不自觉履行的，由信访委员会代为履行，并从下一年度从被执行人的财政中直接扣除。这种执行制度的目的是增加信访委员会的裁决效果，根据是立法机关、执法机关和司法机关的授权关系。

（十二）《信访法》规定了责任追究制。在信访委员会审理的过程中，发现有关人员行为不当、违法、犯罪情形的，在审理之后，提出建议，提交相关部门依法处理。

4.1.7 现有的信访制度有什么弊端

（一）自己当自己的法官，违反行政法基本原理

这种弊端表现在两个方面，一是在微观上，“谁主管、谁负责”的规定，使得信访人必被转回主管人那里，让主管人自己否定自己当初的处理结果是不切实际的。这样规定使得信访人所有的努力都白费。二是在宏观上，政府处理自己的信访，人大处理自己的信访，而司法机关也是处理自己的信访，还是等于自己做自己系统的法官。这种做法的实质是抗拒外在的监督，依然我行我素。可见，整个过程都是违反法治基本原理的。

（二）缺少统一的信访法律规范，信访的功能被肢解

目前我国缺少统一的《信访法》，仅有国务院的《信访条例》，法院只有处理信访的规定，人大的信访功能更为弱小。这些分散的系统内部立法解决不了整个法治体系中的问题，更糟糕的是，信访的改错功能因此被肢解了。

（三）定性不统一，导致信访一盘散沙，不能互相协调

现在信访机关分散于人大、政府和司法机关，其隶属关系，使得信访机关的性质也各不相同。因此，信访体系不统一，人大、政府、法院信访各自为政。信访人穿梭于其中，使得信访案件更加纷乱。

（四）信访机关没有权力，只能转信、督办，不能解决问题

信访机关由于隶属于被信访机关，根本没有解决问题的权力，因此，对于信访案件只能将信访案件转来转去。

（五）接访机关不确定，没有专门解决问题的人员，没有实际效果

目前接访的机关既可能是领导，也可能是信访人员，还可能是被信访人员，没有一个固定解决问题的人或者渠道，实际上是对信访案件的推托，对信访人的不负责任，对自己职责的怠慢。

（六）没有解决问题的制度，仅仅接待不能让信访人满意

《信访条例》中规定的“齐抓共管的信访工作格局”存在一个悖论，面对信访人，信访机关又必须热情接待，但接待之后往往石沉大海。因为如果超越权限管了不该管的事就是越权，违反法律，而如果由被信访人自己再次管理，则是自己做自己的法官，同样违反法理。因此这样的制度设计等于谁都不能管，信访成为踢皮球式的游戏。

（七）责任追究机制错位，信访与政府官员的绩效考核脱节

按照常理，被信访机关对信访案件的结果负责，但《信访条例》却主要追究信访机关的责任，而实际上信访机关又没有权力处理信访案件。即使被信访机关执法错误，也不影响被信访机关和相关公务员的考核，造成信访结果不能约束被信访机关和相关公务员。

4.1.8 为什么必须是新的信访制度

因为旧的信访制度权力架构不合理、机构分散不集中、处理案件模式不科学、处理结果效率低，无论怎样修改，已经不能适应形势发展了。因此，必须设计一种新的制度，并且法律技术层面是可以做到的。

4.1.9 为什么非得要统一的信访制度

统一的信访制度意味着组织的统一、价值的统一、模式的统一、效力的统一。

依据《中华人民共和国宪法》第五条：“中华人民共和国实行依法治国，建设社会主义法治国家。国家维护社会主义法制的统一和尊严。”

目前信访组织是分散的，人大系统、政府系统、司法系统都有自己的信访机关。信访组织分散造成信访案件的处理口径不统一，彼此矛盾。这些信访机关只管解决自己系统的信访案件，只顾及部门利益就不可能顾及法治体系整体的利益。以《我不是潘金莲》电影为例，法院的认定是真假离婚的事实和法院判决的稳定性，政府关注的是李雪莲是否还要上访、对官员前途的影响，公安局关注的是是否完成市长交给的任务以及是否保证社会安全。

人大系统、政府系统、司法系统的信访机关采用不同的处理模式，有的批转、有的批示、有的督办，还有开协调会的，五花八门，极不统一。

目前的信访机关不能代表原处理机关进行处理，因为没有权力，就无所谓效力。

因此，新的信访制度必须要统一组织、统一价值、统一模式、统一效力。

4.1.10 统一的信访委员会有什么好处

（一）统一信访渠道保持社会具有安定的秩序

案件规则地汇集，使得制度的负面力量汇集一处。

（二）统一信访机构保证监督的效率和救济的效率

统一的机构是独立的、具有全备权力的国家机关，有了权力才能有能力，有能力才能有效率。

（三）统一信访程序保障公平结果

公开审理全过程，有利于公平监督、实现正义。

总之，统一的渠道、统一的程序、统一的口径，一体化的过程，保持国家法治的整体性和一致性。

4.1.11　信访机关有什么样的权力

信访机关权力的性质，以现在体制的权力为服务对象，信访机关权力存在的价值是使现有的立法权、执法权和司法权在良性的状态下运行，是一种间接的、第二层位的、柔软的、综合性的、修复性的权力。

具体而言，信访委员会具有信访案件的受理权、调查权、听证组织权、审理权、裁判权、建议权和执行权。

《信访法》第十八条规定，各级信访委员专门负责处理信访案件，信访委员会享有如下专属职权：

1. 信访案件受理权；
2. 信访案件听取权；
3. 信访案件劝慰权；
4. 信访案件报告权；
5. 信访案件公开权；
6. 信访案件支持权；
7. 信访案件督促权；
8. 信访案件协调权；
9. 信访案件指导权；
10. 信访案件调解权；
11. 信访案件调查权；
12. 信访案件审理权；
13. 信访案件听证主持权；
14. 信访案件命令权；
15. 信访案件裁判权；
16. 信访相关问题的建议权；
17. 信访裁决的强制执行权；
18. 联席会议召集权；
19. 信访案件救助权。

信访案件审理过程中，信访委员会可以根据案件情形灵活运用上述权力审理信访案件。

4.1.12 为什么要这么大的受案范围

信访要解决的问题有政策问题，有立法问题，也有执法问题和司法问题。对于前面法治环节的问题不及时处理就等于有病不治、有事不管，对国家是没有好处的。

信访案件产生的根源是法治环节可能出现错误，把前面的法治环节的错误全部处理好，对于整个制度来说是最安全的。

《信访法》第十二条规定：“信访委员会是纠正政治、立法、执法和司法机关错误的专门性国家机关。收集处理信访个案，分析总结法治运行的问题与措施，保证国家整体机制的运行。”

《信访法》第十三条规定：“信访委员会独立于政党机关、人民代表大会、政府机关、审判机关、检察机关等公权力机关，是专门负责对国家法律体系、国家机关及其工作人员进行监督、反思和纠错的机关。”

4.1.13 信访受理案件的界限是什么

信访委员会与立法机关、执法机关和司法机关如何划定界限。在立法技术上可以有以下三个原则：

（一）不告不理的原则

不告不理的原则，使得信访委员会的权力与被信访机关的权力有一条明显的界限，信访委员会不得主动过问任何国家机关的权力运行状况。信访委员会只能通过个案对被信访机关的具体问题进行修正。

《信访法》第十九条规定：“各级信访委员只能就信访人提出案件的请求范围进行审理，审理过程不得超越其请求范围。”

（二）尊重原处理结果的原则

尊重原处理结果的原则指信访委员会受理案件的前提是被信访机关的行为保持法律效力。非经信访委员会作出最后裁决，被信访机关的处理不失去效力。

《信访法》第四十一条规定：“信访委员会充分尊重其他国家机关的权力，在信访委员会作出的终局审理结果生效之前，不得改变被信访人所作的原处理决定。”

（三）穷尽救济的原则

穷尽救济原则，即已经在立法阶段、执法阶段、司法阶段走尽了所有的可能的程序，再也无法救济了。具体而言，立法类信访案件，必须是法律已经颁布实施；执法类信访案件，必须是经过复议或复议不受理的案件；司法类信访案件，必须是经过二级终审或者再审及起诉法院不予受理的案件。这时才可以提起信访案件，信访为最后兜底的希望渠道。穷尽救济的原则一方面充分尊重其权威，保证原处理机关的处理决定的效力，另一方面也给信访人权力救济的机会，使其遇到不公平的状态也不会绝望。

《信访法》第四十条规定："信访人出示穷尽救济的证明，证明所提起的信访案件已经穷尽所有救济手段。"

4.1.14 信访委员会会不会破坏法治的统一

很多人看到信访委员会的组织机构、受案范围以及审理形式，往往会担心信访委员会权力过大，甚至会与第一层位的立法权、行政权和司法权相冲突。其实，这是不了解信访委员会在制度设计时的想法，其实已经作了巧妙的安排：

（一）信访委员会尽最大程度尊重立法执法和司法机关

信访案件与立法、执法和司法三个环节有一个明显的界限，这个界限就是法律的既定力和约束力，信访人即使提出信访案件，在信访案件做出最后的决定之前，前面的法律一直保持生效状态，这样就不会冲击以前的法律秩序。

（二）信访委员会的目的在于纠正错误，而不是干涉权力

从另外一个角度来看，信访委员会是对事不对人，针对问题而不是针对组织。从信访的整体来说，现在的问题在于有错误，但错误得不到更正。信访机关只能"转办""交办"，而无权"承办"，原处理机关有错不改，就等于一错再错，久而久之，就会出现严重的社会问题；而如果信访能够改正错误，那么就对信访人和国家都有益处，而即使信访维持了原来的处理结果，那么对于信访人也有安慰作用，使其接受原处理机关的既定处理。

4.1.15 信访会不会冲击司法的最后公正性

从静态的角度上看，司法公正是实现正义的最后屏障，但从动态来看，司法也必然存在漏洞。司法的最后正义性只是一种假设，而不是现实。

目前有很大比例的信访都是涉法涉诉信访，这种现实已经向我们敲响警钟，足以证明司法审判的可错性。可见，将司法的不公正置于再次的监督之下本身就是将漏洞堵上，终究是一件好事。

4.1.16 信访委员会的成立是否需要修改宪法

信访委员会的成立可通过《宪法》相关规定确立，或者可以通过政党、立法机关、执法机关和司法机关授权实现，而不需要修改宪法。

《宪法》确立了党的执政地位。

第一条 中华人民共和国是工人阶级领导的、以工农联盟为基础的人民民主专政的社会主义国家。社会主义制度是中华人民共和国的根本制度。禁止任何组织或者个人破坏社会主义制度。

第二条 中华人民共和国的一切权力属于人民。人民行使国家权力的机关是全国人民代表大会和地方各级人民代表大会。人民依照法律规定，通过各种途径和形式，管理国家事务，管理经济和文化事业，管理社会事务。

第三条 中华人民共和国的国家机构实行民主集中制的原则。全国人民代表大会和地方各级人民代表大会都由民主选举产生，对人民负责，受人民监督。国家行政机关、审判机关、检察机关都由人民代表大会产生，对它负责，受它监督。中央和地方的国家机构职权的划分，遵循在中央的统一领导下，充分发挥地方的主动性、积极性的原则。

第四十一条 中华人民共和国公民对于任何国家机关和国家工作人员，有提出批评和建议的权利；对于任何国家机关和国家工作人员的违法失职行为，有向有关国家机关提出申诉、控告或者检举的权利，但是不得捏造或者歪曲事实进行诬告陷害。对于公民的申诉、控告或者检举，有关国家机关必须查清事实，负责处理。任何人不得压制和打击报复。由于国家机关和国家工作人员侵犯公民权利而受到损失的人，有依照法律规定取得赔偿的权利。

但从长远来看，需要确立信访制度的性质和地位。需要在《宪法》第三章国家机构中增加一节作为第八节，成立国家信访委员会，主要规定其定性、定位、职能、组成、任期。

4.1.17 信访委员会会不会成为特权委员会

信访委员会只受理信访案件，像法治体系的医生一样，现实生活中有病找医生，这是最自然的，如果都很健康，医院就会没有病人。如果信访的案件越来越少，说明信访委员会起到了真正的监督和改正的作用，且说明各个职能部门都能正常运转，在这种情况下信访机关会越来越缩小其受理规模。但无论如何，信访机关的存在是不可置疑的，而且有其特别重要的作用。

4.1.18 信访委员会的委员需要何种资历

信访委员包括三种类型的人员：

（一）专业的、常任制的信访委员；

有一定的立法、执法或司法经验的公务员；

有长期信访经验的公务员；

有法学研究生以上学历的公务员。

（二）专家型信访委员

有长期的某种行业的经验和知识；

大学某些专业的专职教师。

（三）公众型信访委员

有一定的文化知识和社会知识的公民；

有一定的社会良知和正义感的公民；

有愿意说真话、具有奉献精神的公民。

4.1.19 信访委员会审理程序

1. 信访人出示穷尽救济的证明；
2. 信访机关受理信访案件；
3. 信访人与被信访人共同确定信访审理人员；
4. 信访委员会开庭审理，司法式审理方式；
5. 信访委员表决，形成多数意见和少数意见；
6. 信访委员会出信访裁决书送达信访当事人；
7. 不服裁决书的信访当事人上诉。

4.1.20 信访委员会判决的效力

由于信访是处于法治体系的最后一个环节，因此，针对前面环节的问题和错误必须进行改正。所以，必须赋予信访委员会的判决具有最终的法律执行效力：可以建议原处理机关改正，也可以由信访委员会直接改正或强制执行。

4.2 中华人民共和国信访法（草案）

4.2.1 第一章 总则

第一条（立法目的、立法依据）

为保障公民和法人的合法权益，维护国家机关的正常运行，保障社会的正常秩序，依据《中华人民共和国宪法》《中华人民共和国立法法》制定本法。

第二条（信访机关定义和职能）

本法所称信访机关，是国家依照行政区划而设立的各级信访委员会，专门负责审理各类信访案件的国家机关。

第三条（信访的定义）

本法所称信访，是指公民、法人或者其他组织采用书信、电子邮件、传真、电话、走访等形式，向各级信访委员会反映情况，提出批评、建议、意见或者投诉请求，依法由信访委员会审理的活动。

第四条（信访人的权利）

本法依据《宪法》的规定，保障信访人的信访权利和各项基本权利。

第五条（信访委员会）

信访委员会专门负责审理各类信访案件，信访委员会由若干名专业信访委员组成，每届委员任期七年，信访委员可以连续任职，但最长不得超过两届。

国家信访委员会建立专家库，邀请法学专家、技术专家、管理专家等各类专业人员担任审理信访案件的专家委员。

国家信访委员会建立公众媒体库，邀请公众和媒体代表担任公众委员参与信访案件审理。

第六条（信访案件的法律关系）

采用前款规定的形式，反映情况，提出批评、建议、意见或者投诉请求的公民、法人或者其他组织，称信访人，是信访案件的原告方。

信访人所提出的建议、意见或者投诉请求中所涉及的国家机关和公务员称为被信访机关或被信访人，是信访案件的被告方。

与信访人、被信访人的利益相关的人称为信访第三人，是信访案件的第三方。

第七条（信访的基本原则）

信访工作遵循公正、公平、公开、民主、效率的原则，发现问题和错误及时解决，实行有错必纠、有冤必申的原则。

第八条（信访的审级规定）

每一级行政区划都设立机构独立的信访委员会，信访委员会与国家机关同级并列设置。

信访案件不限申诉级数，对信访案件审理结果不服的，可逐级上访直至国家信访委员会，国家信访委员会的审理结果为最终结果，信访人不得到任何机关上访。

第九条（信访的收费）

信访委员会的支出列入其同级财政支出。

信访案件实行公益性免收费用制度。

非专业委员的咨询费、劳动报酬等业务性支出由信访委员会根据实际支出列入财政预算。

第十条（信访案件的分类）

信访实行分类审理原则，将信访根据性质分为政治（策）类、立法类、执法类、司法类及综合类五大类信访案件。

第十一条（国家保障原则）

信访委员会有权对信访人实行人身保护措施，凡处于生命、人身危险的信访人有权要求信访机关发出人身保护令，并根据情况采取必要保护措施。

信访委员会对被信访机关和被信访人采取宽恕原则，一般过失、轻微违法的不予追究，被信访机关和被信访人被确认为违法或被确认为犯罪的，由信访委员会交由司法机关审理。

信访案件审理结果不作为公务员职务提拔、政绩考核、职务晋升的条件和依据。

4.2.2 第二章 信访委员会

第十二条（信访委员会的性质）

信访委员会是纠正政治、立法、执法和司法机关错误的专门性国家机关。收集处理信访个案，分析总结法治运行的问题与措施，保证国家整体机制的运行。

第十三条（信访委员会的定位）

信访委员会独立于政党机关、人民代表大会、政府机关、审判机关、检察机关等公权力机关，是专门负责对国家法律体系、国家机关及其工作人员进行监督、反思和纠错的机关。

第十四条（信访委员会的组成）

信访委员会由若干名专业信访委员组成，每届委员任期七年，信访委员可以连续任职，最长不得超过两届。

信访委员会可以根据案件需要，邀请专家委员和公众委员作为陪审员参与信访案件审理。

第十五条（信访委员会的专家委员和公众委员）

国家信访委员会建立专家库，邀请法学专家、技术专家、管理专家等人员作为专家委员。

国家信访委员会建立公众媒体库，邀请公众媒体作为公众委员参与信访案件审理。

在案件审理过程中，陪审员与专业委员享有同等审理权利，承担同等审理义务。

第十六条（信访委员会的内部设置）

信访委员会内部设立专门解决政治、立法、执法和司法机关及其他类信访案件的专业部门和行政办公机构。

第十七条（信访委员会的职能）

各级信访委员会具有如下职能：

受理并审理各类信访案件。

根据信访案件审理结果修正、改正国家机关的错误行为。

根据信访案件审理结果向国家有关机关提出指导性建议和措施。

根据信访案件向国家有关机关提出公务员审理的建议。

第十八条（信访委员会的权力）

各级信访委员专门负责审理信访案件，信访委员会享有如下专属职权：

1. 信访案件受理权；

2. 信访案件听取权；

3. 信访案件劝慰权；

4. 信访案件报告权；

5. 信访案件公开权；

6. 信访案件支持权；

7. 信访案件督促权；

8. 信访案件协调权；

9. 信访案件指导权；

10. 信访案件调解权；

11. 信访案件调查权；

12. 信访案件审理权；

13. 信访案件听证主持权；

14. 信访案件命令权；

15. 信访案件裁判权；

16. 信访相关问题的建议权；

17. 信访裁决的强制执行权；

18. 联席会议召集权；

19. 信访案件救助权。

信访案件审理过程中，信访委员会可以根据案件情形灵活运用上述权力审理信访案件。

第十九条（信访委员会的审理范围）

各级信访委员只能就信访人提出案件的请求范围进行审理，审理过程不得超越其请求范围。

第二十条（信访网络平台）

国家信访委员会设立统一性、综合性、公开性、智能型的信访网络平台。

国家信访委员会遵照国家信息公开原则，对其所审理的信访案件、涉及的法律规范等均在网络平台上公布。

第二十一条（信访渠道的多元性）

信访人可以通过网络反映问题，也可以本人或者委托他人到信访委员会来反映问题，也可以选择电话、邮件、写信等多种方式。信访委员会必须以信访人选择的方式回应信访人。

信访的多种途径具有同等法律效力。

第二十二条（信访案件的复合解决方式）

信访委员会审理信访案件，可以采用调停、安慰、说服、等待、听证、调解、裁决等多种方式进行处理，以公义、便民、高效为结案原则。

4.2.3 第三章 管辖

第二十三条（信访委员会的地域管辖）

公民、法人或者其他组织可以在原告所在地提起信访案件，也可以在被告所在地，或者主要事实发生地提起信访案件。

第二十四条（信访委员会的级别）

信访委员会的层级设定与行政区域的层级设置一致。

受理信访案件由作出信访案件终极处理结果的平级信访委员会受理。

第二十五条（管辖冲突及解决）

两个以上信访委员会都有管辖权的案件，信访人可以选择其中一个信访委员会提起信访案件。信访人向两个以上有管辖权的信访委员会提起诉讼的，由最先收到起诉的信访委员会管辖。

第二十六条（跨区信访案件）

跨区的信访案件由被信访人的共同上级所在地的信访委员会受理。

第二十七条（集团信访案件）

集团信访案件由最高级别信访人的同级信访委员会受理。

4.2.4 第四章 信访参加人

第二十八条（信访人）

依照本法提起信访案件的公民、法人或者其他组织是信访人。有权提起信访的公民死亡，其近亲属可以继续提起信访案件。有权提起信访的法人或者其他组织终止，承受其权利的法人或者其他组织可以提起信访案件。

第二十九条（信访案件当事人）

提出信访案件的公民、法人或者其他组织是信访人。

与信访人所提起案件的相关国家机关是被信访人。

作出最初决定的机关是第一被信访人，作出第二个决定的机关是第二被信访人，依次排列。

与信访人利益相关的其他公民、法人或者其他组织是信访第三人，可以由信访委员会通知其参加信访案件审理。

第三十条（信访案件的代理）

当事人、法定代理人，可以委托他人代为参加信访案件的审理。

律师、社会团体、提起诉讼的公民近亲属或者所在单位推荐的人，可以受委托为信访代理人。

代理人可以依照规定查阅本案有关材料，可以向有关组织和公民调查，收集证据。对涉及国家秘密和个人隐私的材料，应当依照法律规定保密。

4.2.5 第五章 证据

第三十一条（证据责任）

原告、被告、第三人及相关参与人对其所提供证据的真实性承担法律责任。证据提供人可以选择当庭宣誓、提供担保人的方式确保证据的真实性。

第三十二条（信访案件的证据种类）

证据有以下几种：

1. 书证；
2. 物证；
3. 视听资料；
4. 证人证言；
5. 当事人的陈述；
6. 鉴定结论；
7. 勘验笔录、现场笔录。

以上证据经合议庭审查属实，才能作为信访案件的定案根据。

第三十三条（被告举证责任和举证内容）

被告一方对作出的处理行为负有举证责任，应当提供作出该处理行为的证据和所依据的规范性文件。

第三十四条（被告收集证据的限制）

在信访案件审理过程中，被告不得自行向原告和证人收集证据。

第三十五条（信访委员会的调查权）

信访委员会有权要求当事人提供或者补充证据。

信访委员会有权向有关行政机关以及其他组织、公民调取证据。

信访委员会调查时涉及的有关机关有义务配合信访委员会的调查，提供真实、客观的证据材料和有关资料。

第三十六条（信访委员会的鉴定指定权）

在审理过程中，信访委员会认为对专门性问题需要鉴定的，应当交由法定鉴定部门鉴定，没有法定鉴定部门的，由信访委员会指定的鉴定部门鉴定。

第三十七条（信访委员会的证据保全权）

在证据可能灭失或者以后难以取得的情况下，案件参加人可以向信访委员会申请保全证据，信访委员会也可以主动采取保全措施。

4.2.6 第六章 信访案件的起诉和受理

第三十八条（信访案件提起的时间）

公民、法人和其他组织认为国家机关的行为侵犯其合法权益，或者对其合法权益可能产生不利影响的，有权在其认为侵犯其权益之后二十年内提起信访案件。

第三十九条（信访案件的起诉条件）

公民、法人和其他组织认为国家机关的行为侵犯其合法权益，或者对其合法权益可能产生不利影响的，有权向信访委员会提起信访案件。

第四十条（信访委员会受理案件的原则：成熟原则和穷尽救济原则）

信访人出示穷尽救济的证明，证明所提起的信访案件已经穷尽所有救济手段。

第四十一条（信访委员会与其他国家权力机关的关系）

信访委员会充分尊重其他国家机关的权力，在信访委员会作出的终局审理结果生效之前，不得改变被信访人所作的原处理决定。

第四十二条（信访委员会的受案范围）

信访机关受理政策、立法、执法和司法机关已经处理完结的案件，包括如下信访案件：

信访人认为政治措施、政策、方针、路线等有问题、有错误的案件。

信访人认为法律、法规及法律规范有问题、有错误的案件。

信访人认为行政机关及其工作人员工作不当、过失、违法、犯罪的信访案件。

信访人认为司法机关及其工作人员判决不公、营私舞弊、徇私枉法的案件。

信访人认为国家机关的行为侵犯其合法权益的其他类案件。

第四十三条（信访委员会不受理案件：与国家其他公权力之间界限）

信访委员会不受理如下类型的信访案件：

针对正在制定的政治措施、政策、方针、路线而提起的信访案件。

针对正在制定当中的法律、法规及法律规范而提起的信访案件。

针对正在处理过程中的行政机关及其工作人员而提起的信访案件。

针对正在审理过程中的司法机关及其工作人员而提起的信访案件。

有关国家安全、国家机密的其他类信访案件。

第四十四条（信访案件的初审受理级别及上诉级别）

信访委员会审理针对同级国家机关处理行为不服提起的信访案件。

信访人对信访委员会的审理意见不服，可以在接到审理结果后十五天内向上级信访委员会提出上诉。

信访人可以逐级上诉到国家信访委员会。

国家信访委员会的审理结果是最终结果。

第四十五条（信访委员会的矛盾缓解工作机制）

信访委员会受理信访案件之后，有权针对受理的信访案件采取冷却、等待、救助、安抚、咨询等使矛盾缓解的各项措施，为信访案件的审理作好预备。

信访委员会须以书面裁定的形式告知信访相关当事人。

信访委员会采取上述措施的时间不得超过三年。从受理信访案件之日开始算起。信访委员会的矛盾缓解工作时间不计入审理时间。

第四十六条（对信访人行为的限定）

信访人提出信访事项，应当客观真实，信访人对其所提供材料内容的真实性负责，不得捏造、歪曲事实，不得诬告、陷害他人。

信访人在信访过程中应当遵守法律、法规，不得损害国家、社会、集体的利益和其他公民的合法权利，自觉维护社会公共秩序和信访秩序，不得有下列行为：

1. 在国家机关办公场所周围、公共场所非法聚集，围堵、冲击国家机关，拦截公务车辆，或者堵塞、阻断交通；

2. 携带危险物品、管制器具；

3. 侮辱、殴打、威胁国家机关工作人员，或者非法限制他人人身自由；

4. 在信访接待场所滞留、滋事，或者将生活不能自理的人弃留在信访接待场所；

5. 煽动、串联、胁迫、以财物诱使、幕后操纵他人信访或者以信访为名借机敛财；

6. 扰乱公共秩序、妨害国家和公共安全的其他行为。

第四十七条（对被信访人行为的限定）

被信访人接到信访人起诉之后，不得有下列行为：

1. 对信访人进行打击、报复、人身迫害；

2. 对信访人非法运用权力进行压制、胁迫和操纵；

3. 与信访人单方接触；

4. 向信访人、第三人、证人收集相关证据。

4.2.7 第七章 信访案件的审理和判决

第一节 信访案件的审理制度

第四十八条（信访审理的不停止执行制度）

诉讼期间，不停止被信访机关的原处理行为的效力，不得中止执行。但有下列情形之一的，由信访委员会决定停止原处理行为的执行：

1. 被告认为需要停止执行的；

2. 原告申请停止执行，信访委员会认为该行政行为的执行会造成难以弥补的损失，并且停止执行不损害社会公共利益，裁定停止执行的；

3. 法律、法规规定停止执行的。

第四十九条（信访委员会的公开审理制度）

信访委员会公开审理行政案件，但涉及国家秘密、商业秘密、个人隐私和法律另有规定的除外。

第五十条（合议庭组成的两种形式）

信访委员会审理信访案件，可由信访专员组成专业合议庭，或者由信访专员、专家委员、公共陪审员组成混合合议庭，合议庭的成员人数，应当是三人以上的单数。

第五十一条（合议庭的民主构成方式）

合议庭由三人以上单数若干人组成。庭长由信访委员会按顺序轮值，合议庭成员由信访人和被信访人根据自己的选择从信访委员、专家库、公众库里分别指定，上述人员共同组成合议庭。

合议庭成员有权询问信访双方当事人，有权表达对案件事实的看法和法律规范的选择及运用，并在裁决文书上详细陈明。

第五十二条（信访审理中的回避）

当事人认为审理人员与本案有利害关系或者有其他关系可能影响公正审理，有权申请审理人员回避。

审理人员认为自己与本案有利害关系或者有其他关系，应当申请回避。

前两款规定，适用于书记员、翻译人员、鉴定人、勘验人。

委员长担任审判长时的回避，由信访委员会决定；信访委员的回避，由信访委员长决定；其他人员的回避，由审判长决定。

第五十三条（合议制度：少数服从多数、每个委员的意见均列入裁判）

合议庭对信访案件公开审理、公开裁决的合议制度，依据少数服从多数的原则做出裁决，每位合议庭成员的意见全部写入裁判书。

第五十四条（信访委员会的强制措施）

信访诉讼参与人或者其他人有下列行为之一的，信访委员会可以根据情节轻重，予以训诫、责令具结悔过或者处一万元以下的罚款、十五日以下的拘留；构成犯罪的，依法追究刑事责任：

1. 有义务协助执行的人，对信访委员会的协助执行通知书，无故推拖、拒绝或者妨碍执行的；

2. 伪造、隐藏、毁灭证据的；

3. 指使、贿买、胁迫他人作伪证或者威胁、阻止证人作证的；

4. 隐藏、转移、变卖、毁损已被查封、扣押、冻结的财产的；

5. 以暴力、威胁或者其他方法阻碍信访委员会工作人员执行职务或者扰乱信访委员会工作秩序的；

6. 对信访委员会工作人员、诉讼参与人、协助执行人侮辱、诽谤、诬陷、殴打或者打击报复的。

罚款、拘留须经信访委员会委员长批准。

第二节　信访案件的等待程序和听证程序

第五十五条（等待程序）

信访机关对如下信访案件采用等待程序进行处理，但裁决等待的期间最长不得超过三年。

双方情绪严重对立的案件。

当事人有精神异常、重大疾病的案件。

可能引发严重社会危险的案件。

第五十六条（听证原则）

信访案件的信访人和被信访人可以向信访委员会申请听证，听证的结果全部记录在案卷，作为决定案件的证据。

信访委员会在判决时不可引用案卷以外的证据作为定案的证据。

第五十七条（听证程序）

信访委员会在受理案件后，告知信访当事人有要求听证的权利。当事人要求听证的，信访委员会应当组织听证。当事人不承担行政机关组织听证的费用。听证依照以下程序组织：

1. 当事人要求听证的，应当在接到受理通知书后七日内提出；

2. 信访委员会应当在听证的七日前，通知当事人举行听证的时间、地点；

3. 除涉及国家秘密、商业秘密或者个人隐私外，听证公开举行；

4. 听证由信访委员会合议庭主持；信访当事人认为合议庭组成人员与本案有直接利害关系的，有权申请回避；

5. 信访当事人可以亲自参加听证，也可以委托一至二人代理；

6. 举行听证时，当事人可以进行辩论、质证；

7. 听证应当制作笔录；笔录应当交当事人审核无误后签字或者盖章。

第五十八条（听证程序的作用）

不涉及具体利益和纠纷的政策类信访案件、立法类信访案件可以采用听证程序处理，合议庭在听证后写明审理意见后送达给信访人。

第五十九条（简易程序）

信访机关对如下信访案件采用简易程序进行审理。

标的额在 3 万元以下的信访案件。

事实简单清楚的信访案件。

影响不大的信访案件。

第六十条（一般程序）

信访机关除采用简易程序的案件，一律采用一般程序进行审理。

第三节　信访案件的审理程序

第六十一条（信访委员会的一般审理程序）

1. 信访人接受信访委员会的审前指导。

2. 信访机关受理信访案件，指定信访委员担任合议庭庭长。

3. 信访人与被信访人各自从专家库中抽取对应人数组成审理委员会。

4. 信访人与被信访人各自从公众库中选若干名人员作为顾问团。

5. 信访委员会决定开庭审理之前七日，将审理的地点和时间及注意事项通知信访人、被信访人及第三人、证人和其他相关人员。

6. 信访委员会开庭审理信访案件。开庭审理之后信访委员召开合议，充分沟通后进行表决，形成多数意见和少数意见，并将多数意见和少数意见全部写进裁决书。

7. 信访委员会做出信访裁决书，加盖信访委员会印章后送达给信访当事人。

第六十二条（信访审理的诉请与答辩）

信访委员会在立案之日起五个工作日内，将起诉状副本发送被信访人。被信访人应当在收到起诉状副本之日起十个工作日内向信访委员会提交答辩状。信访委员会应当在收到答辩状之日起五日内，将答辩状副本发送原告。

被告不提出答辩状的，不影响信访委员会审理。

第六十三条（信访缺席判决）

经信访委员会两次合法传唤，原告无正当理由拒不到庭的，视为申请撤诉；被告无正当理由拒不到庭的，可以缺席判决。

第六十四条（信访案件的撤诉）

信访委员会对行政案件宣告判决或者裁定前，原告申请撤诉的，或者被告改变其所作的处理行为，原告同意并申请撤诉的，信访委员会裁定撤诉。

第六十五条（信访委员会的审理依据）

信访委员会审理案件，以宪法、法律和行政法规、地方性法规为依据。地方性法规适用于本行政区域内发生的信访案件。

信访委员会审理民族自治区地方的信访案件，并以该民族自治地方的自治条例和单行条例为依据。

第六十六条（审理依据的冲突及其处理）

信访委员会审理信访案件，参照国务院部、委根据法律和国务院的行政法规、决定、命令制定、发布的规章以及省、自治区、直辖市和省、自治区的人民政府所在地的和经国务院批准的较大的市人民政府根据法律和国务院的行政法规制定、发布的规章。

信访委员会认为地方人民政府制定、发布的规章与国务院部、委制定、发布的规章不一致的，以及国务院部、委制定、发布的规章之间不一致的，由信访委员会参照使用。

第六十七条（信访案件裁决）

信访委员会在受理案件后，根据表决结果在十个工作日内做出裁决。

裁决书上必须写明所有信访委员的意见和最终裁决意见。

第六十八条（信访机关判决的效力）

信访委员会的判决具有最终法律执行效力，可以建议原处理机关改正，也可以由信访委员会直接改正或强制执行。

信访委员会将终局的信访裁决书送达被信访机关，由被信访机关自愿执行。

1. 立法机关负责提出针对错误的法律的新的法律议案。

2. 执法机关负责把原来的处理结果改正为信访委员会所决定的新的行政行为。

3. 司法机关负责把原来的处理结果改正为与信访委员会判决相一致的判决和裁定。

被信访机关如不自愿履行判决，则由信访委员会直接强制执行。

第四节　信访案件的调解与判决

第六十九条（信访委员会的调解）

信访委员会经过审理，对双方自愿接受调解、并达成一致调解意见的，信访委员会可以制作调解书，发给双方当事人。

调解书在双方当事人签收后即发生法律效力。

第七十条（信访委员会的判决）

信访委员会经过审理，根据不同情况，分别作出以下判决：

（一）原处理行为理由充分，证据确凿，适用法律、法规正确，符合法定程序的，判决维持。

（二）原处理行为有下列情形之一的，判决撤销或者部分撤销，并可以判决被告重新作出处理行为：

1. 理由不充分的；

2. 主要证据不足的；

3. 适用法律、法规错误的；

4. 违反法定程序的；

5. 超越职权的；

6. 滥用职权的。

（三）被告不履行或者拖延履行法定职责的，判决其在一定期限内履行。

（四）行政处罚显失公正的，可以判决变更。

第七十一条（作出相同行为的禁止）

信访委员会判决被告重新作出处理行为的，被告不得以同一的事实理由作出与原处理行为基本相同的行为。

第七十二条（信访委员会发现犯罪情形的处理）

信访委员会在审理行政案件中，认为国家机关的主管人员、直接责任人员违反政纪的，应当在执行之后将有关材料移送该国家机关或者其上一级国家机关或者监察、人事机关；认为有犯罪行为的，应当将有关材料移送公安、检察机关。

第七十三条（信访委员会的审理期限）

信访委员会应当在立案之日起 3 个月内作出第一审判决。有特殊情况需延长的，由上级信访委员会批准，高级信访委员会审理第一审案件需要延长的，由最高信访委员会批准。

第七十四条（信访委员会的判决及其生效条件）

当事人不服信访委员会第一审判决的，有权在判决书送达之日起 15 日内向上一级信访委员会提起上诉。当事人不服信访委员会第一审裁定的，有权在裁定书送达之日起 10 日内向上一级信访委员会提起上诉。逾期不提起上诉的，信访委员会的第一审判决或者裁定发生法律效力。

第五节　信访案件的上诉程序

第七十五条（上诉审的书面审理原则）

信访委员会对上诉案件，认为事实清楚的，可以实行书面审理，也可以开庭审理。

第七十六条（上诉审理的审限）

上一级信访委员会审理上诉案件，应当在收到上诉状之日起 2 个月内作出终审判决。当事人的信访案件可以多次上诉，直到最高信访委员会作出最终审理结果。

有特殊情况需要延长的，由高级信访委员会批准。高级信访委员会审理上诉案件需要延长的，由最高信访委员会批准。

第七十七条（上诉信访案件的处理）

信访委员会审理上诉案件，按照下列情形，分别处理：

（一）原判决认定事实清楚，适用法律、法规正确的，判决驳回上诉，维持原判；

（二）原判决认定事实清楚，但适用法律、法规错误的，依法改判。

第七十八条（信访上诉不限制次数）

信访实行不限申诉级数，对信访案件审理结果不服的，可逐级上访直至国家信访委员会，国家信访委员会的审理结果为最终结果。

4.2.8 第八章 侵权赔偿责任

第七十九条（侵权赔偿定义）

公民、法人或者其他组织的合法权益受到国家机关或者国家机关工作人员行为侵犯造成损害的，有权请求国家赔偿。

第八十条（侵权责任赔偿程序）

公民、法人或者其他组织就损害赔偿提出请求的，信访案件判决中一并作出调解或判决。

第八十一条（赔偿的范围和标准）

赔偿范围和赔偿标准按照《国家赔偿法》的规定计算。

第八十二条（国家财政赔偿保障原则）

赔偿费用，从各级财政列支。

赔偿金由被申请人于判决生效后十五日内支付给信访人。被信访人逾期不支付，由国家信访委员会代为支付，支付后由财政部门扣转被信访人财政预算，并支付相应利息。

第八十三条（责任追偿机制）

国家机关赔偿损失后，应当责令有故意或者重大过失的机关工作人员承担部分或者全部赔偿费用。

4.2.9 第九章 执行

第八十四条（信访裁决的执行责任）

信访裁决由最终作出终局性裁决的信访委员会负责执行。

信访当事人必须全面履行信访委员会发生法律效力的判决、裁定。

第八十五条（信访裁决的执行效力）

信访当事人拒绝履行判决、裁定的，信访委员会可以强制执行。

信访委员会也可以代为履行执行义务，并向被代执行人强制征收罚款。

第八十六条（拒不履行信访裁决责任的追究）

信访委员会可以向该机关的上一级机关或者监察、人事机关提出信访执行建议。接受信访建议的机关，根据有关规定进行处理，并将处理情况告知信访委员会。

拒不履行判决、裁定，情节严重构成犯罪的，依法追究主管人员和直接责任人员的刑事责任。

4.2.10 第十章 法律责任

第八十七条（信访委员会的责任）

信访委员会必须忠诚于《宪法》，在信访权限范围内，彻底解决信访案件。保障国家机构的正常运行，保障公民的基本权利。

第八十八条（信访委员会的责任）

信访委员不得单方接触信访当事人。不得接受吃请和接受各类贿赂。

第八十九条（被信访机关的责任）

被信访机关和公务员必须全面履行信访机关裁决，不得贪赃枉法、徇私舞弊，不得迟延、推脱和懈怠。有渎职行为的国家公务员，按《刑法》规定的渎职罪处理。

第九十条（信访人的责任）

信访人必须诚实地反映问题，不得捏造事实，陷害他人，不得使用暴力手段。违反法律规定的，追究其相应法律责任。

4.2.11 第十一章 涉外信访

第九十一条（涉外信访适用范围）

外国人、无国籍人、外国组织在中华人民共和国进行信访，适用本法。法律另有规定的除外。

第九十二条（涉外信访人的权利义务）

外国人、无国籍人、外国组织在中华人民共和国进行信访活动，同中华人民共和国公民、组织有同等的诉讼权利和义务。

外国法院对中华人民共和国公民、组织的信访权利加以限制的，信访委员会对该国公民、组织的信访权利，实行对等原则。

第九十三条（国际条约优先适用原则）

中华人民共和国缔结或者参加的国际条约同本法有不同规定的，适用国际条约的规定。中华人民共和国声明保留的条款除外。

第九十四条（涉外信访委托律师原则）

外国人、无国籍人、外国组织在中华人民共和国进行信访活动，委托律师代理信访的，应当委托中华人民共和国律师机构的律师。

4.2.12　第十二章　附则

第九十五条（生效时间）

本法自　年　月　日起施行。

4.3　信访制度未来展望

不论是在学术界还是实务界，信访制度未来向何处去都是一个重大的话题。自从信访制度产生以来，人民群众那充满期待的目光就没有离开过信访，而作为中国特色的信访制度也实在是承载了人们太多的盼望。聂树斌案、呼格吉勒图案、信访妈妈唐慧案等近年来一系列的冤案，几乎都是透过信访的渠道得以平冤的。就如同电影《我不是潘金莲》中的主人公李雪莲一样，在司法救济的手段不能帮助她实现正义的时候，她将她所有的希望、甚至是她所有的生活都放在了上访和告状上，而且一告就是十年，如果不是她的前夫秦玉河意外死亡，她会一直坚持把这个状告到底。可见，在人民群众的心目当中，信访可以解决问题，可以实现正义，这样的认知已经成为他们心中牢固的信念体系和支撑体系。虽然，现实中信访制度的功能并不那么强大，也并非能令所有人满意，但无论如何，单单从人民群众对信访的信任度来说，是超过对执法机关和司法机关的信任度的，这就是信访制度的公信力之所在。而就是这一点，说明信访制度的存在有其充分的合理性，从而使信访制度有了光明的未来。所以，在未来的信访制度改革中，应当以信访制度的公信力为基点，提高信访制度的功能和效率，提高信访人员解决问题的能力，提升信访机关的矛盾协调能力。因此，我们要从纷乱的现实中抬起头来，以坚定的信心将目光投向未来，以未来理想的信访制度为聚集目标，用这个目标作为信访制度改革的航标灯，然后再用航标灯对照现实的状态，指引并确定我们未来的道路。

4.3.1 信访洪流要从隐秘处走向阳光

信访立法要将信访现象正常化、阳光化，这是从人民群众的角度来说的。目前信访制度中常常出现的截访、扣访、窜访、闹访现象，都不同程度地揭示了信访的敏感性、非正常性和隐秘性。越是隐秘，其中的问题越容易被包裹起来，越不能进行有效的控制和处理，其发展趋势也会越来越危险。

打个比方说，有病找医生是好事，一是知道自己有问题，二是信任医生，三是有希望获得医治。信访也是如此，让信访人放心大胆去信访就像去看医生一样轻松自在。信访机关要用正常的眼光看待他们，告诉他们问题一定会解决，让他们满怀希望来信访，保证他们充分运用信访机制实现自己的权利。这是最让信访人高兴和安心的信息，也是最能让社会稳定的信息。解决和解答信访人所提出的问题，我相信这是信访立法的初衷，也是每个信访工作人员由衷的想法。可见，解决和解答信访人所提出的种种问题，既说明信访制度的效能，也体现我们的制度自信。

4.3.2 信访制度要成为我国政治制度建设中不可缺少的环节

信访制度从产生时起就是党的工作机构的一个重要组成部分，在新中国的政治制度当中，信访一直扮演着重要的角色，是党同群众联系的重要桥梁和纽带，是党倾听群众呼声、保护人民利益的重要渠道。信访制度与人民代表大会制度、政治协商制度共同组成我国的政治制度，与党的群众路线、统一战线并行不悖。因此，从国家的政治层面来说，信访制度是必不可缺的。

正是由于这样，历次党代会都涉及信访制度的建设问题。特别是党的十八届四中全会更是明确地提出："改革信访工作制度，实行网上受理信访制度，健全及时就地解决群众合理诉求机制。"这就指明了信访未来的方向。

我们认为，充分运用现代化的通信信息手段，完全可以实现同步审理、证据采取传输、专家咨询等，这在技术上已经成为可能。信访立法要在实现信访制度的智能化、人性化上迈出坚定的步伐。

4.3.3 信访制度要成为法治建设中不可缺少的环节

从国家法治建设的角度来说，信访制度同样是我国法治建设的重要一环，信访案件不但与立法制度有关联，更与执法制度有关联，并且也与司法制度有所关联。此外，信访与我国的执政党的政策也紧密相关。从信访诉求的主要内容来看，信访制度所反映的问题已经成为我国立法、执法、司法政策等问题的缩影，信访案件几乎就是我国法治建设焦点问题的浓缩版。

党的十八届四中全会提出了建设法治国家的远大目标，而如果没有信访制度的法治化，依法治国的建制就不完全。因而，党的十八届四中全会提出具体要求，“把信访纳入法治化轨道，保障合理合法诉求依照法律规定和程序就能得到合理合法的结果。”十九届四中全会为信访制度的完善指出了明确方向：“畅通和规范群众诉求表达、利益协调、权益保障通道，完善信访制度，完善人民调解、行政调解、司法调解联动工作体系，健全社会心理服务体系和危机干预机制，完善社会矛盾纠纷多元预防调处化解综合机制，努力将矛盾化解在基层。”

4.3.4 信访立法要从分散走向统一

目前我国信访立法采用的是分散模式，在中央一级，人大、政府、法院、检察院各有各的信访体系，国务院的《信访条例》与人大、法院、检察院的规定处于同一位阶，但最引人注目。而在地方一级，则由地方人大制定地方信访条例，而地方的信访条例又往往将人大、政府、法院和检察院的信访活动统一纳入一个信访条例的调整范围，如河北、安徽和吉林等省。这种时而分散、时而合一的信访布局不但不能形成解决问题的合力，而且会造成信访案件到处流窜、信访人出了这个衙门又去那个机关的无序状态，容易给社会稳定带来压力。

信访立法要形成规范的法律制度，就要以调整信访人与被信访人之间社会关系为对象。信访制度范围上要将党的信访、人大信访、法院信访、检察院系统的信访全部纳入进来，而且企业、事业单位的信访也纳入进来，开创一个快捷高效、民主通畅、完整合一的信访制度体系，因此必须要有统一的信访法。质以言之，有了信访法就不会再有“法外信访”的现象。从反面来讲，如果新的信访立法还有调整不到的社会关系，就说明信访法不全面、不完整。

具体来讲，信访立法必须统一价值、统一模式、统一立法、统一组织、统一编制、统一效力、统一平台。实现这七个统一，就会让信访制度成为我国政权体系中强有力的制度。而如果我们不这么做，任由目前的信访形势发展下去，信访案件就会成为无法终结的危险，在社会各个角落里流窜，甚至成为社会不安定的重大隐患。

4.3.5 信访制度要从低层位走向高层位

新的信访立法要使信访法在法律位阶上高一级，要成为由全国人民代表大会制定的非基本法律，建立统一的法律规范体系，调整各个国家机关系统的信访法律关系。

4.3.6 信访制度要从收缩、保持走向宽松和扩大

目前很多的地方都在探讨信访终结制度，这种制度一方面表明现行信访制度对信访案件的无能与无奈，另一方面也表明对信访案件的不再受理的回应与不耐烦情绪。在这种情绪下的信访制度似乎要走到终结点，人为限制缩小信访的呼声很高，但这对于众多信访人来说有失公平，也容易将信访人逼到制度以外。同时，很多地方还在干部任用和提拔方面搞信访一票否决制，这对公务员来说，简直就是公务员仕途中的一颗不定时炸弹。电影《我不是潘金莲》生动地反映了信访对官员的升迁所带来的现实压力。由于李雪莲的告状，一个院长、一个县长、一个市长都被撤职查办。

可见，这种收缩、挤压的态势并不能使信访的问题得到解决，相反，这种方式更容易造成问题的沉积、转化和隐埋。因此，必须反其道而行之，采用扩大和宽松的方式来处理信访问题，给信访人创造充足的信访机会，给信访机关相应的配套权力，给被信访人宽松改正错误的环境，大量、全面、妥善地解决我国法治体系中的矛盾与问题，真正发挥信访制度的独特功能。

结　论

通过以上的历史研究、理论研究、制度研究及规范研究，可以得出如下结论：

一、信访是具有悠久历史传统的、非正式但高效的解纷机制，信访制度在目前中国的社会转型时期发挥了特别的综合效能，信访机制的灵活性可以使各类问题在和缓的气氛下得到解决，深得人民群众青睐和信赖。

二、信访之所以被人民群众依赖是因为信访具有诸多的制度潜在优势：相对于司法救济手段，信访具有优先选择性；相对于行政复议和行政诉讼的狭窄受理范围，信访受理案件的范围十分广泛；信访干部具有触及深度问题的能力，解决问题具有温和性和安慰性。相对于立法、执法和司法，信访具有灵活的补充性和修复性。

三、应当以信访所具有的现实功能为出发点，立足于信访的优势，以救济和纠错为导向，设计新的信访制度模式。根据当代救济制度发展趋势和政治民主化发展趋势并结合我国国情，笔者将信访制度界定为：公民和组织在其合法权益受到各类公权力侵害致损时，有权采用书信、走访等方式，向信访机关反映事实、表达意愿、要求赔偿、提出建议，信访机关通过直接或间接的各种方式所给予协调、督促和帮助，促成其获得及时有效的权利救济之法律制度形式。信访制度是其他法定救济制度的重要补充。

四、相对于人民而言，信访是综合的、建构形态的民主机制；相对于国家权力机关体系而言，信访是三位一体的“免疫”机制；相对于法治运作过程而言，信访是“反思－改错”的“再处理”机制；相对于国家整体功能而言，信访是国家伦理的检验标尺，也是国家实现良法善治的重要机制。

五、信访应当被放在国家体制中重要的位置上，且给予其独立的、被尊重的地位，使信访体系在性质上位于一般国家机关体系之上、形式上位于一般国家体系之外，解决一般机关自身无法解决或者不愿意解决的问题。在国家整体的宪法框架内，信访机关必须有独立的存在形式，而不是被分散为无形；与立法机关、执法及司法机关的关系上，至少要平等或者高于这三个机关，否则就不能制约这三个机关；在位序上信访是第二层位的权力形态，应当具有被动、慎重的品格，即信访要奉守不诉不理、尽量尊重原处理机关的原则；在实现法治的整个过程中，信访处于承上启下的中间环节上，立法、执法和司法过程中，不论哪一个环节出现问题，都可以通过信访来解决，这样就使信访成为一个动态的问题解决机制；在国家动态发展中，信访是一个与时俱进的现实舞台，是人民群众参与国家生活的一种随时随在的选择途径。

六、建立一个与立法、执法、司法机关相平行的独立的信访委员会，赋予其一定的软权力和硬权力，使其以三角形裁判结构、新的民主审理模式来应对大量信访案件，从而将信访事件转化为信访案件，提高社会稳定程度。

七、信访的新职能是对法治体系存在的问题进行全面反思和解决，是一个法治体系的医生角色。信访委员会充分尊重被信访机关所作出的处理结果，承认其效力先定原则。信访委员会以被动、综合、穷尽救济为基本原则。

八、信访案件的审理采用双方当事人自由选择合议庭成员的方式，增加合议庭的民主方式。信访双方当事人可以采用顾问团组队对弈的方式进行充分说理。信访委员会处理信访案件，采用三角形的司法仲裁模式，信访人与被信访人处于两个对等的地位，信访委员会处于裁判地位，对信访案件进行审理，通过审理程序得出公平的裁决。

九、整合信访工作人员队伍，确立信访专员的地位，提高专职信访人员的地位和待遇，建立信访专家库，建立志愿者数据库，建立社会治理支持系统，统一信访法律规范的制度体系。在信访制度中，建立缓解机制、调停机制、斡旋机制、调解机制、调查机制、道歉机制、保障机制、看管机制等新的灵活多样的机制，多方位、深层位满足信访人诉求，提供关怀和生活保障，与社会救助、社会保障等制度衔接起来，从根本上解决信访案件，降低信访矛盾，调解信访纠纷。

十、在信息时代里，《信访法》的实施必须配有一个具有实际操作性的网络平台。这个平台是信访委员会受理和审理信访案件平行的工作平台。具有展示、公告、咨询、审理、统计等诸种功能。建构全国统一的信访大数据平台，远程开庭、远程调查、远程监控，引入人工智能进行陪伴开导、咨询指导，信息公开，免费咨询，志愿服务，使信访制度文明化、现代化、智慧化。

参考文献

中文专著：

[1] 张恩玺.信访工作制度改革理论与实践[M].北京：中国法制出版社，2016.

[2] 胡云腾，曾广东.涉诉信访典型案例及工作经验[M].北京：人民法院出版社，2019.

[3] 叶鹏.信访战线9000天——“时代先锋”信访局长张云泉[M].北京：人民出版社，2019.

[4] 王剑华.法治化进程中信访工作机制创新[M].上海：上海人民出版社，2018.

[5] 刘恒.信访立法研究[M].北京：法律出版社，2017.

[6] 尹晔斌.涉检信访工作机制改革研究[M].北京：知识产权出版社，2017.

[7] 王小新，乔晗.涉诉信访治理体系研究——基于法治系统论方法[M].北京：科学出版社，2016.

[8] 尹利民.地方的信访与治理：中国地方信访问题调查与研究[M].北京：人民出版社，2015.

[9] 陶乾.国内外“网络信访”机制研究[M].北京：中国政法大学出版社，2015.

[10] 张宗林、王凯.信访与治理：北京市信访矛盾分析研究中心成立五周年纪念文集[M].北京：人民出版社，2014.

[11] 潘灵.信访局长[M].北京：中国青年出版社，2009.

[12] 刘国乾.想象、现实与出路：纠纷解决视野下的行政信访[M].北京：法律出版社，2015.

[13] 杨德爽，杨岑.中外法治信访研究[M].武汉：武汉出版社，2015.

[14] 刘二伟.论坛与点评：社会转型进程中的中国信访[M].北京：人民出版社，2014.

[15] 范愉.非诉讼纠纷解决机制研究[M].北京：中国人民大学出版社，2000.

[16] 莫于川.行政执法新思维[M].北京：中国政法大学出版社，2017.

[17] 袁曙宏，宋功德.统一公法学原论——公法学总论的一种模式：（上卷）[M].北京：中国人民大学出版社，2005.

[18] 韩大元.外国宪法[M].北京：中国人民大学出版社，2000.

[19] 曹刚.法律的道德批判[M].南昌：江西人民出版社，2001.

[20] 曹刚.法律伦理学[M].长沙：中南大学出版社，2002.

[21] 马小红.礼与法：法的历史连接[M].北京：中国社会科学文献出版社，2006.

[22] 王名扬.法国行政法[M].北京：中国政法大学出版社，1997.

[23] 王名扬.美国行政法：（上、下）[M].北京：中国政法大学出版社，2005.

[24] 王希.原则与妥协：美国宪法的精神与实践[M].北京：北京大学出版社，2000.

[25] 张桂林.西方政治哲学——从古希腊到当代[M].北京：中国政法大学出版社，1999.

[26] 张千帆.西方宪政体系：（上、下）[M].北京：中国政法大学出版社，2000.

[27] 张曙光，胡忠礼.伦理与国际事务新论[M].上海：上海外语教育出版社，2004.

[28] 张文显.二十世纪西方法哲学思潮研究[M].北京：法律出版社，2006.

[29] 张文显.法哲学范畴研究[M].北京：中国政法大学出版社，2001.

[30] 卓泽渊.法的价值论[M].北京：法律出版社，1999.

[31] 戴木才.中国共产党治国理政之道——坚持依法治国与以德治国相结合[M].南昌：江西教育出版社，2017.

[32] 王庆节.德性、法律与中国传统——比较视野下的伦理与法理[M].杭州：浙江大学出版社，2019.

[33] 李建华.现代德治论：国家治理中的法治与德治关系[M].北京：北京大学出版社，2016.

[34] 周红云.社会治理[M].北京：中央编译出版社，2015.

[35] 邹利琴.化解法律与道德之争：以宪法性权利为原则[M].北京：社会科学文献出版社，2013.

[36] 孙国东.合法律性与合道德性之间：哈贝马斯商谈合法化理论研究[M].上海：复旦大学出版社，2012.

[37] 范进学.法律与道德：社会秩序的规制[M].上海：上海交通大学出版社，2011.

[38] 陈宏彩.行政检查专员比较研究[M].上海：学林出版社，2009.

外文译著：

[39] 吉米·边沁.立法理论[M].李贵方，等译.北京：中国人民公安大学出版社，2004.

[40] 彼德斯坦，约翰香德.西方社会的法律价值[M].王献平，译.北京：中国人民公安大学出版社，1990.

[41] 弗里德里希·奥古斯特·冯·哈耶克.通往奴役之路[M].王明毅，冯兴元，等译.北京：中国社会科学出版社，1997.

[42] 约翰·罗尔斯.正义论[M].何怀宏，何包钢，廖申白，译.北京：中国社会科学出版社，1988.

[43] 约翰 A 霍尔、G 约翰·艾坎伯雷.国家[M].长春：吉林人民出版社，2007.

[44] 吉米·卡特.我们濒危的价值观美国道德危机[M].汤玉明，译.西安：西北大学出版社，2007.

[45] 亚历山大·温特.国际政治的社会理论[M].秦亚青，译.上海：上海世纪出版集团，2008.

[46] 希拉里·普特南.事实与价值二分法的崩溃[M].应奇，译.北京：东方出版社，2006.

[47] 特里 L 库珀.行政伦理学：实现行政责任的途径[M].张秀琴，译.北京：中国人民大学出版社，2001.

[48] 斯蒂芬·曼斯菲尔德.活出使命——布什总统的信仰[M].林淑真，译.北京：中国档案出版社，2006.

[49] 诺齐克.无政府、国家与乌托邦[M].何怀宏，等译.周琪，等译.北京：中国社会科学出版社，1991.

[50] 塞缪尔·亨廷顿.文明的冲突与世界秩序的重建[M].周琪，等译.北京：新华出版社，1999.

[51] 庞德.法律与道德[M].陈林林，译.北京：商务印书馆，2015.

[52] 魏德士.法理学[M].丁春晓，吴越，译.北京：法律出版社，2005.

[53] 康德.永久和平论[M]//历史理性批判文集.何兆武，译.北京：商务印书馆，1990.

[54] 康德.实践理性批判[M].韩水法，译.北京：商务印书馆，2008.

[55] 康德.历史理性批判文集[M].何兆武，译.北京：商务印书馆，1990.

[56] 康德.法的形而上学原理[M].沈叔平，译.北京：商务印书馆，1991.

[57] 卡尔・雅斯贝尔斯.时代的精神状况[M].王德峰，译.上海：上海世纪出版集团，2005.

[58] 黑格尔.法哲学原理[M].北京：商务印书馆，1996.

[59] G 拉德布鲁赫.法哲学[M].王朴，译.北京：法律出版社，2005.

[60] 凯尔森.法与国家的一般理论[M].沈宗灵，译.北京：中国大百科全书出版社，2003.

[61] 马克斯・韦伯.新教伦理与资本主义精神[M].于晓，陈维纲等，译.西安：陕西师范大学出版社，2006.

[62] 美浓部达吉.行政法撮要[M].程鄰芳，陈恩濂，译.北京：商务印书馆，1934.

[63] 美浓部达吉.公法与私法[M].黄冯明，译.北京：中国政法大学出版社，2003.

[64] 南博方.日本行政法[M].杨建顺，周作彩，译.北京：中国人民大学出版社，1988.

[65] 富永健一.社会学理论[M].严立贤，等译.北京：社会科学文献出版社，1993.

[66] 和田英夫.现代行政法[M].倪建民，等译.北京：中国广播电视出版社，1993.

[67] 盐野宏.行政法[M].杨建顺，译.北京：法律出版社，1999.

[68] 芦部信喜.宪法[M].林来梵，凌维慈，龙绚丽，译.北京：北京大学出版社，2006.

[69] 室井力.日本现代行政法[M].吴微，译.北京：中国政法大学出版社，2000.

中文期刊：

[70] 马怀德.领导减少批示有利于减少信访 信访到信法的距离有多远——网上信访难以单兵突进[J].人民论坛，2013（15）：34-35.

[71] 马怀德.是“信访”还是“信法”[J].理论参考，2010（8）：34.

[72] 卢超.行政信访法治化改革及其制度悖论[J].华东政法大学学报，2018（2）：106-119.

[73] 汪庆华.通过司法的社会治理：信访终结与寻衅滋事[J].浙江社会科学，2018（1）：49-56.

[74] 于水，姜凯宜.徐亚清网络信访的研究主题与深化方向[J].电子政务，2018（1）：47-57.

[75] 梁迎修.我国行政信访的制度困境及其改革逻辑[J].政法论丛，2018（5）：93-105.

[76] 马原.基层信访治理中的“法治”话语冲突——基于华北S县的实证观察[J].环球法律评论，2018，40（1）：110-128.

[77] 田毅鹏，张帆.社会矛盾调处中政府与社会组织的“互嵌性”运作——以J市信访法律事务服务中心为例[J].社会科学，2018（5）：63-75.

[78] 张紧跟，周勇振.信访维稳属地管理中基层政府政策执行研究——以A市檀乡为例[J].中国行政管理，2019（1）：80-87.

[79] 李贺楼.信访制度改革中的两难问题：实质与解决方向[J].中国行政管理，2018（4）：115-120.

[80] 孙洪山.新时代人民法院涉诉信访治理的现实路径[J].理论视野2018（7）：37-43.

[81] 马红安.从信访受理制度看“信访权”的边界[J].广东社会科学，2018（4）：247-252.

[82] 宋明.行政信访救济法治化改革的困境与出路[J].法商研究，2019，36（4）：52-62.

[83] 邹东升，陈思诗.违法信访的社会心态解析与情理法融合治理[J].行政论坛，2019，26（4）55-62.

[84] 童之伟.信访体制在中国宪法框架中的合理定位[J].现代法学，2011，33（1）：3-17.

[85] 肖唐镖.信访政治的变迁及其改革[J].经济社会体制比较，2014（1）：127-136.

[86] 杨小军.信访法治化改革与完善研究[J].中国法学，2013（5）：22-33.

[87] 吕普生.中国行政信访的体制结构及其改革[J].华中师范大学学报：（人文社会科学版），2012，51（6）：27-35.

[88] 张红，李栋.中国信访制度：困境与变革[J].华中科技大学学报：（社会科学版），2012，26（6）：62-70.

[89] 章志远.信访潮与中国多元化行政纠纷解决机制的重构[J].法治研究，2012（9）：10-17.

[90] 张静.浅析我国的信访制度[J].山西高等学校社会科学学报，2014，26（12）：68-70.

[91] 张文显.治国理政的法治理念和法治思维[J].中国社会科学，2017（4）：40-66.

[92] 俞可平.法治与善治[J].西南政法大学学报，2016，18（1）：6-8.

[93] 莫于川.非权力行政方式及其法治问题研究[J].中国人民大学学报，2000（2）：83-89.

[94] 韩大元.论社会变革时期的基本权利效力问题[J].中国法学，2002（6）：10-11.

[95] 江必新，李春燕.统一行政行为概念的必要性及其路径选择[J].法律适用，2006（1）：40-44.

[96] 姜明安.改革信访制度创新我国解纷和救济机制[J].中国党政干部论坛，2005（5）：14-16.

[97] 姜明安.信访立法若干问题研究[J].理论视野，2016（8）：27-29.

[98] 周永坤.信访潮与中国纠纷解决机制的路径选择[J].暨南学报：（哲学社会科学版），2006，28（1）：37-47.

[99] 于建嵘.对信访制度改革争论的反思[J].中国党政干部论坛，2005（5）：16-18.

后 记

说起与信访的缘分，我的三位亲人是不得不提起的。

一位是我的母亲，她在“文革”期间被定为“右派”，挨了很多次批斗，甚至在她怀着我八个月的时候还在被人揪斗，等生下我就给我起名叫“文利”。等我长大记事以后，我父母的同事见到我就问，“你就是那个在你妈妈肚子里一起挨批斗的孩子吗？长这么大了！”在我九岁的时候，我依稀记得我母亲写了一份材料寄给某个领导，于是，她的“右派”帽子很快就被摘掉了，而且被平反、落实政策、恢复工作。

另一位是我的大伯，他在解放以前是满洲某个地区警察厅的厅长，新中国成立后被抓了起来，虽然没有任何问题，但关在看守所里十几年，也是我母亲用写申诉材料的办法才把他解救出来的。我的大伯无罪释放以后又是落实政策，又是分房，全家上下无不欢喜，我大娘终于扬眉吐气地过日子了，每天脸上都带着幸福的笑容。我记得我十几岁的时候，夏天的夜里时常醒来，看见大伯拿着扇子一边给我扇凉风，一边抓蚊子的场景。他时常给我讲起他在看守所里如何锻炼身体的事，就像电影《红岩》里的那个华子良一样，心里满有盼望。

还有一位是我的公公，他也是“右派”，但跟我母亲被划成“右派”不同的是，他是主动要求成为“右派”的。当时，他刚刚从上海交通大学毕业，在一家国有企业工作。由于当时的政策有数量指标要求，年轻的他不愿意让领导为难，于是，仅仅是跟知识分子沾边的缘故就成了“右派”，但谁也没有想到，这个帽子一戴就是二十五年。在这二十五年里，他是琴棋书画，无一不精，八国语言，逐一掌握，总算没有荒废时日。然而，时光飞逝，青春岁月就是这样无声无息地过去了。直到后来落实政策，才回到化学的老本行，成为一名高校教师。

我的三位亲人，几乎都是同时代的人。他们的遭遇虽然不同，但都反映出当时的政策出了一些问题。幸运的是，党的十一届三中全会以后迅速拨乱反正，彻底清理了“文革”中遗留下来的各种问题。只不过我母亲积极主动地运用信访的方式陈述冤屈、反映问题，而我公公则是耐心等待、直到春暖花开。在我三位亲人的命运当中，都是信访制度起到了反映情况、陈情诉屈、落实政策、平反昭雪的作用。不论是企业、政府还是社会，也不论是人民群众主动提起，还是执政党主动发起，在一个法治社会建设的时期，信访是最直接、简洁、高效的问题解决方式。我曾经问过我的公公：“您当了二十五年的‘右派’，受了那么多的委屈，心里到底是怎么想的？”我公公一脸宽厚的表情回答我：“赶上了那个时代，有什么办法呢？！人非圣贤，孰能无过？再说，管理一个这么大的国家着实不容易，好就好在咱们国家发现问题及时调整。”从老人的话里，我没有听出埋怨的情绪，反而让我看到一个普通老百姓的宽容和理解。

我在中国人民大学攻读宪法行政法学博士的时候，当时想以信访制度作为博士论文的方向，但由于我的两位导师认为信访相对于立法、执法、司法制度来说，里面的法治因素比较少，因此不建议我写信访的题目，我只能悻悻作罢。而毕业以后，我来到位于天津的河北工业大学执教，美丽的校园又让我放飞起初的梦想。于是十几年间，教学科研每有余暇，就提起笔来，将凡是关于信访的理论问题和实践案例都一一记录下来，时时地思索，不断地酝酿。幸运的是，我的研究成果被国家信访局注意到，连续两年让我承担了重大理论研究课题。在这两年的专项研究中，我系统地思考了信访制度的使命、本质、价值、功能等重大的问题。而此书就是由这十余年的成果汇集而成。

有一次，我的一位学医的朋友告诉我一件很有趣的事，他说，“你知道吗，人的阑尾是一个特别奇妙的器官，很多人以为没用，一发炎就给割了。其实，阑尾具有强大的免疫功能，还能分泌多种益生菌。平时人体功能正常的时候，阑尾处于休眠状态，好像睡觉一样，一点活动都没有，但人体一出现症状，这个小阑尾就活起来，加倍分泌人体缺少的益生菌，等人体恢复以后，阑尾就又休息去了。日本人以为阑尾是人进化过程中留下来的无用的退化器官，其实它是造物主奇妙的创造，是一个起补充作用、只在紧急状态下才启动的特种部队。”虽然他说的是阑尾，却让我一下子联想到了信访的功能：信访虽然不是立法机关，也不是执法机关和司法机关，但信访却是深藏在这三个重要国家权力机关里的最重要的机构，起着监督、修复、改错的功能，可以在这三项国家职能发生问题的时候，灵活处理问题和矛盾，用最快的速度恢复正常秩序，这就是信访最为独特的优势。

从信访制度最初设立的初衷来看，它是中国共产党加强与人民群众联系的一种方式，也是了解社情民意的一个重要渠道。这个渠道反映上来的问题，除了事实的真实、呼声的真切外，往往还反映社会的痛点、制度的缺点和改革的难点。痛点问题是急迫的问题，缺点问题是普遍性问题，而难点问题则是需要等待才能解决的问题。但无论如何，这些问题如果不解决，社会就是不正常的社会，法治也是不健康的法治。如果对比一下苏联的解体、东欧的巨变，信访制度所提供的缓冲作用、宽容作用实在像人体内那个小小的阑尾，给了国家一次又一次的修复和容让机会。因此，从实质来看，“信访”是“信党”的必然结果。在我们国家生活不正常以及恢复正常的过程中，正是信访发挥了不可替代的补充、纠正和抚慰的功能，这对处于转型期的中国，其实是非常宝贵的。因而，在这个意义上，“终结信访”“取消信访”的论调是缺少权衡、且是十分危险的。所以，对于处于探索中的中国特色社会主义制度来说，对于正在走向成熟但尚未成熟的法治建设来说，在正式法律制度之外，制定一套起补充作用的信访制度是十分必要的，也是十分明智的选择。

致　谢

首先，感谢我的合作导师罗国杰教授。由于信访制度的研究并不是具有法学知识就能驾驭的课题，而是需要伦理学的知识储备，特别是需要处理好法治与德治的关系，而且需要架构好二者衔接的机制，铺设好制度转化的通道。在我做博士后研究期间，罗老师带着我一起承担了国家社科基金办重大课题委托项目《建立和发展与社会主义市场经济相适应的社会主义道德体系》，这一课题的成果直接构成信访制度建构的基础理论。在我国伦理学领域里，罗老师以他深厚的学养、博大的胸襟和高洁的情操而闻名。在老人家八十岁高龄时，依然谦虚温和、勤奋好学、思维敏捷。我本、硕、博都是在学习法学，而做博士后研究却一脚踏上伦理学的道路。相对于法学而言，伦理学的深厚、抽象、灵活，是我难以驾驭的。为了指导我当时的研究，罗老师竟然购买全套法学教材，重续青年时代的法科专业，全面学习当代法学要理。罗老师的这种敬业精神给了我极大的震撼，更令我心中生出崇高的敬意。同时，罗老师这种亲力亲为、深入参与式的指导令我非常获益。每次向罗老师请教时他都是直击要害，带领我走出重重迷雾。罗老师那热情的态度、睿智的话语、道别时那殷切的目光，已经深深地烙在我的记忆深处，成为我生命的一部分。本书出版时，虽然罗老师已经不在这个世界上了，但我相信他此刻一定在天堂中安享永恒。将来相见的时候，罗老师一定容光满面，拥有一个不朽的高大身躯。

其次，我要特别感谢我的博士阶段导师莫于川教授，在人民大学贤进楼的地下室，他带领我写下信访研究的第一篇论文，而且不断地给我创造信访研究的机会。莫老师全面的知识、敏锐目光和执着的拼搏精神，一直激励着我不断前行。莫老师并没有因为我博士毕业而放松对我的指导，反而是让我更深地参与到他的法学研究当中。莫老师这种扶上马还要再送一程的真诚付出，犹如给了我一副法学“眼镜”，使我有了行政法学者才特有的敏感，将法学特有的技术用于信访制度的设计。在信访制度的研究和探索中，莫老师一次次以他的高瞻远瞩为我指明美好的前景。每每接到莫老师的电话，我都会有一种深深的幸福感，幸而有这样一位尊师，才使我的研究好像插上了一双“隐形的翅膀”，可以自由地在学术的天空上飞翔。

再次，韩大元教授同样是我要特别感谢的导师，他是宪法学界特别关注价值问题的著名学者，在人民大学读书期间，他给了我很强烈的价值探索意识和制度设计理念，正是这样的知识预备让我精准地发现了信访的独特价值。还记得在宪法学课堂上，他引导我们走进了宪法学博大精深的知识海洋，而且，他还在我们心中树立了坚定的宪法信仰。人民大学宪政中心每年评选出来的十大宪法事例中就有几个直接涉及信访的事例。正是由于韩大元教授所讲授的宪法理论和制度架构理念，才使我有了全面架构信访制度的勇气和信心。

还有，我的硕士导师姜明安教授一直关注着我的研究，他不断地鼓励我向信访这一领域迈进。在毕业之后多年的岁月中，他仍不断谆谆教诲，嘱我真诚待人、真诚做学问。姜老师的正直、踏实与行政法的公平、实证结合成一种特有的人文精神，这种精神深深地影响了我的人生选择。我至今还记得 1999 年冬天的一个下午，姜老师亲自开车送我的情景，正是在车上姜老师关键的几句话使我懂得了人生选择与行政法之间的关系，以前那种混沌的思想豁然开朗，心中油然生起了一种真正向往的人生境界，于是我下定决心，继续考博。回首这十几年之所以不断前行，确应归功于姜老师春风化雨般的教导。古人云：“天地之道，博也、厚也、高也、明也、悠也、久也。”这句名言，概括了我深蒙师恩的感受。

还有北京大学政府管理学院的王浦劬教授，在他丰富的研究成果里，我找到了信访制度的政治属性和定位，这样就解决了信访制度存在的合理性。王教授扎实的研究给了我理论的确信，使我看到了信访制度的光明未来，一个以全心全意为人民服务的政党，绝对不会放弃与人民群众的血肉联系。信访再多的问题都只不过是转型时期的阶段性现象，这些问题终归是要解决、攻克的，信访制度的优势恰好可以解决、吸收、转化这些剧烈的矛盾和冲突。

在这里还要特别感谢的是我的父母，虽然我的父母都过早地谢世，但是我深深体味到他们对子女的无尽关爱和无限牵挂，是他们含辛茹苦地养育和教导才使我步入了知识的神圣殿堂。母亲对文学的热忱和父亲对孔子的崇敬深深地影响了我，他们对知识的追求，对真、善、美的追求一直到生命的最后一刻。父亲常说的一句话就是“知识可以改变命运，智慧可以改变世界”。他老人家给了我需要用一生去体悟、去努力的目标和方向。在我的大家庭中，我还要感谢我的几位兄嫂和姐姐、姐夫，是他们的支持和鼓励使我在这条知识的道路上不断前行。

在这里，我还要特别地感谢我的丈夫刘树帆，他是本书的封面设计者。从设计理念、到版面安排、色彩搭配都是他一点一点用键盘敲击上去的。他的阅历和他的诚实，都给了我最直接的肯定和最真诚的批评，他的参与和付出，给了我非常高效而及时的帮助，也正是他，给了我深沉的理解和无微不至的信任和关爱。我们的故事，可能是稍带传奇色彩的故事，见证了生活中的爱情奇迹，以致于我们不得不常常在一起数算我们遇到的奇异恩典和满满的祝福，真是说也说不尽。还有我的儿子刘昱含，他用动听的音乐激发了我许多的灵感，用纯真的笑声给了我无穷的力量……

最后，我还要特别地感谢河北工业大学，这所具有悠久历史的大学，滋养着一代又一代学子们的心灵，也资助着各个学科的创新和探索。这所大学也是一所极为美丽的大学，不论是哪个校区都有参天的古树和美丽的海棠。这本书就是在河北工业大学美丽的校园里写出来的。河北工业大学资助了本书全部的出版费用，使此书得以顺利出版。

在春日的花香之后，夏时的虫鸣接踵而来，秋日落叶在路上堆成海，冬季雪花时时飘舞。每每走在校园里，听到朗朗的读书声，我都禁不住地感叹这美丽风景背后的造物主，赞叹祂所创造的生命之奇伟，也感恩祂赐给我这样美好的人生。

岁月如此静好。这里所有的一切都是甚好，甚好。我心中充满无限的感动，感恩……

2020 年 5 月 5 日

于河北工业大学新校区教师公寓